Das Robinson-Paradox

Fröhliche Wissenschaft 230

François Flahault

Das Robinson-Paradox

Kapitalismus und Gesellschaft

Aus dem Französischen von Gerhard Willert

Matthes & Seitz Berlin

Inhalt

Einleitung

Dieses Buch bringt eine gute und eine schlechte Neuigkeit. Die gute ist, dass eine wissenschaftliche Revolution im Gange ist, die unsere Sicht auf den Menschen und auf die Gesellschaft tiefgreifend verändern wird, und der Politik die Sozialphilosophie bereitstellt, an der es ihr fehlt. Diese Revolution wird dem politischen Denken erlauben, den Ökonomismus hinter sich zu lassen, der ihm heute noch immer den Horizont verstellt.

Die schlechte ist, dass diese Sicht noch weit davon entfernt ist, sich durchzusetzen. Es hat sich seit langer Zeit ein und dieselbe grundlegende Vorstellung von Mensch und Gesellschaft in den Köpfen verankert, ein Fundus althergebrachter Ideen, die nun als selbstverständlich gelten. Und zwar so sehr, dass die Debatten im Feld der politischen Reflexion nicht in der Lage zu sein scheinen, zu diesen als gegeben angenommenen Grundannahmen vorzudringen, unfähig, diese allgemein geteilten »Selbstverständlichkeiten« infrage zu stellen.

Diese Unfähigkeit und dieses Vertrauen in Vorstellungen, die nur deshalb bestehen, weil sie weithin verbreitet sind, stellen das eigentliche Hindernis bei der Erneuerung des Gedankenguts dar. Fortschritte im sozialen und politischen Denken werden nur erzielbar sein, wenn man sich diese Vorannahmen und damit unser zugrunde liegendes Konzept des Menschen vornimmt, um sie einer kritischen Prüfung zu unterziehen.

Dazu gehört es, ganz klar zwischen langfristig und kurzfristig zu unterscheiden. Es liegt auf der Hand, dass Politiker in ihrem öffentlichen Diskurs hauptsächlich dessen Ertrag an der Wahlurne im Sinn haben. Es ist auch nicht weiter erstaunlich, dass Intellektuelle, die von Ideen profitieren, die gerade hoch im Kurs stehen, sich einbilden, diese Ideen seien von Dauer (und das umso mehr, als diese Neigung, sobald sie geteilt wird, tatsächlich dazu beiträgt, den Kurswert dieser Ideen zu stützen). Vom Forscher aber erwartet man, dass er der unmittelbaren Nutzbarkeit von Ideen und also ihrem kurzfristigen Wert misstraut. In dem Maß, in dem er sich unabhängig davon machen kann, trägt er dazu bei, der Zukunft als Kategorie wieder Gehör zu verschaffen.

Die Zukunft ist nämlich unmerklich verblasst am Horizont unseres Denkens, zunächst weil sie vom Zusammenbruch der prometheischen Projekte des zwanzigsten Jahrhunderts diskreditiert worden ist und dann, weil ein Denken, dem keine Entwicklung mehr gelingt, das auf der Stelle tritt und sich mit einem Mal dem allgegenwärtigen Ökonomismus überlässt, nicht in der Lage ist, eine Zukunftsperspektive zu entwerfen.

Wir befinden uns heute, alle Welt weiß das, in einer Situation der Entleerung des progressiven Denkens. Einer Situation, in der die Politik ihre Entscheidungen im Namen der Ökonomie rechtfertigt, die Quelle alles Guten und letztgültige Realität sei (an die Stelle des göttlichen Willens sind die Erfordernisse des Marktes getreten). Einer Situation, in der die Bewegungen, die die Dominanz der Ökonomie über die Politik anfechten, noch über keine alternative Philosophie verfügen. Einer Situation, in der die sogenannten »sozial-demokratischen« Parteien unfähig sind, zu denken und zu sagen, was denn eigentlich eine Gesellschaft ist.

Wir befinden uns zurzeit in einer Übergangsperiode zwischen zwei Konzeptionen des Menschen und der Gesellschaft: einer, die, wenn auch obsolet, noch immer dominiert (in etwa vergleichbar dem Geozentrismus zu Beginn des siebzehnten Jahrhunderts); und einer anderen, die sich in aller Stille allmählich konstituiert, aber noch keine Sichtbarkeit hat (entsprechend dem Heliozentrismus der gleichen Epoche).

Die alte Konzeption, eng angebunden an die große Emanzipationsbewegung, die die antike Philosophie wie auch das Christentum wie dann auch das Denken der Aufklärung prägt, sieht in der Gesellschaft eine utilitaristische Organisation, deren Basis mithin die Wirtschaft bildet. Diese Idee, die heute als Selbstverständlichkeit gilt, wurde vom Marxismus vertreten, und wird es noch immer von der orthodoxen Wirtschaftswissenschaft.

Die neue noch im Werden begriffene Vision wird ein sehr anderes Konzept des Menschen und der Gesellschaft zur Geltung bringen. Im Folgenden wird man erkennen können, dass das Leben in der Gesellschaft der Entstehung des Individuums vorausgeht, dass die Wirtschaft also nicht die einzige Grundlage der Gesellschaft ist, dass das Selbst der Individuen nicht außerhalb des Lebens in der Gesellschaft steht, sondern dass es sich in und durch sie konstituiert. Denn ihre wechselseitige Verflechtung geht weitaus tiefer, als der Begriff des Gesellschaftsvertrags uns glauben macht. Man wird erkennen, dass wirtschaftliche Güter nur einen Teil der Güter und der Verbindungen ausmachen, die die Existenz der Individuen stützen, und dass es also falsch ist zu sagen »alles läuft gut, wenn es der Wirtschaft nur gut geht«. Die Idee, dass wirtschaftliches Wachstum einen Zweck an sich darstellt, impliziert, dass die Gesellschaft nur Mittel dazu ist. Wenn sich aber, wie wir sehen werden, herausstellt, dass soziales Leben und Kultur ihrerseits einen Zweck an sich darstellen, dann definiert sich der Platz der Wirtschaft in der Gesellschaft ganz anders. Und ganz anders auch jener der Politik.

Diese Umwälzung wird übrigens auch erhebliche Veränderungen in der Philosophie, den kognitiven Wissenschaften und der Ethik nach sich ziehen. In der Philosophie, weil die neuen Erkenntnisse schwerlich vereinbar sind mit der Vorstellung vom »Subjekt«, an der die Philosophie immer noch hängt. In den kognitiven Wissenschaften, weil man der Tatsache wird Rechnung tragen müssen, dass das Gehirn nicht aus sich selbst heraus funktioniert wie etwa die Leber oder die Muskeln, sondern nur vernetzt mit anderen Gehirnen. In der Ethik, weil man den Begriff der »Autonomie« neu denken müssen wird angesichts des Phänomens der Interdependenz, deren Wirkung sich dem Willen entzieht.

Alles in allem basiert seit der Renaissance der Wille zu Emanzipation und Fortschritt auf einer prometheischen Sicht des Menschen. Nun geht es darum, ohne diesem Willen abzuschwören, in eine postprometheische Ära einzutreten.

*

Während zu Zeiten des kalten Krieges die Spannung zwischen Ost und West das politische Leben mit seinem Dualismus, seinen Ideologien und seiner Intensität prägte, triumphiert heute der Kapitalismus und sieht seine Expansion legitimiert von einer Wirtschaftsdoktrin, die ein scheinbar universelles Monopol ausübt. (Da diese Doktrin allgemein als »neoliberal« qualifiziert wird, gilt es klarzustellen, dass sie keinesfalls verwechselt werden darf mit dem philosophischen und politischen Liberalismus, der in der Nachfolge von Locke, Montesquieu, Benjamin Constant oder von Tocqueville auch heute noch die Demokratien prägt.)

Weltweit sind die herrschenden Klassen, die Mächtigen durchdrungen von dieser Wirtschaftsdoktrin. Die westlichen Länder, angefangen bei den Vereinigten Staaten, propagieren sie mit Hingabe über Stiftungen, Thinktanks, Kolloquien, Publikationen und, selbstverständlich, Universitäten. Ihre Tätigkeit wird erheblich erleichtert durch die Tatsache, dass sich diese Doktrin auf ein Bild des Menschen und der Gesellschaft stützt, das tief in der westlichen Kultur verwurzelt ist.

Wie so oft verstellt die Hegemonie einer Doktrin ihr selbst den Blick auf die Tatsache, dass sie nur eine Flucht nach vorne darstellt. Es verwundert also nicht, dass diese Hegemonie, auch wenn sie einen allgemeinen Rauschzustand auslöst, selbst bei jenen, für die der Zusammenbruch der Sowjetunion eine Erleichterung war, zu einem diffusen Unbehagen führt. Tatsächlich bilden der Machtzuwachs der Finanzindustrie und der Großunternehmen, die Ausweitung der Marktlogik, die Vorherrschaft eines ökonomistischen Gesellschaftsentwurfs sowie die als kostspielige und somit unvernünftige Konzession begriffene Sozialpolitik – kurz: die Expansion des Kapitalismus – einen Themenkomplex, der weltweit zahlreiche Menschen beschäftigt und besorgt. Nur dass sie, selbst wenn sie sich in globalisierungskritischen Bewegungen organisieren, noch nicht in der Lage sind, dieser Expansion eine wirklich alternative Doktrin entgegenzustellen, so wie es einstmals die Marxisten konnten. Unter dem Einfluss des Marxismus waren die Bewegungen der Linken vom Primat der Wirtschaft überzeugt und von deren Fähigkeit, für das Glück der Menschheit zu sorgen. Unter der Bedingung versteht sich die Umgestaltung des Wirtschaftssystems. Doch da die Staatswirtschaft, die Gleichheit bringen sollte, gescheitert ist, mussten sie sich schließlich der Marktwirtschaft beugen. Und haben ihr nun plötzlich kein theoretisches Arsenal mehr entgegenzusetzen. Man könnte beinahe sagen, der Marxismus habe seinen Gegnern unbestreitbar einen doppelten Dienst erwiesen: Zunächst hat sein Zusammenbruch ihnen den Sieg überlassen, und dann hat er vor seinem Scheitern dazu beigetragen, den Konsens bezüglich einer ökonomistischen Sicht der Gesellschaft zu stärken, einen Konsens, den der Kapitalismus seither zum eigenen Nutzen ausbeutet.

Das Unbehagen gegenüber der Expansion des Kapitalismus kann ihm daher kaum mehr entgegensetzen als eine wie auch immer geartete moralische Kritik. Diese stützt sich im Allgemeinen auf folgende zwei Punkte:

- Der Graben zwischen den Mächtigen dieser Erde und der Masse der Schwachen vertieft sich, was mit der Forderung nach Gerechtigkeit einhergeht.
- Die Anwendung einer utilitaristischen Logik, der zunehmende Warencharakter der sozialen Beziehungen und die Herrschaft des Geldes verhindern eine »menschlichere Gesellschaft«.

Die letzte Formulierung bleibt unscharf. Sie soll auf ein angeblich allgemein geteiltes, weil menschliches »moralisches Empfinden« anspielen.

Wie jede moralische Kritik betont dieser doppelte Befund den Unterschied zwischen *dem was ist* und *dem was sein sollte.* Auf der einen Seite die Realitä ten, die für Unzufriedenheit und Empörung sorgen; auf der anderen das Bedürfnis nach einer gerechteren und menschlicheren Gesellschaft. Solche Reaktionen entspringen einem wachen, wachsamen Geist. Sie sind notwendig und durchaus auch hilfreich. Aber reichen sie aus? Nein. Denn eine moralische Position, so gerechtfertigt sie auch sei, kann Politik nicht ersetzen. In der Geschichte ist keine politische Bewegung bekannt, die sich einzig auf einen moralischen Diskurs gegründet und auf eine Analyse der Realität verzichtet hätte.

In ihrer Wahrnehmung der Wirklichkeit setzt jegliche Politik, auch wenn sie es nicht weiß, eine bestimmte Konzeption des Menschen und der Gesellschaft voraus. Es geht also nicht nur darum, herauszufinden, ob der neoliberal genannte wirtschaftliche

Konsens moralisch gut oder schlecht ist, sondern ob die Voraussetzungen, auf die er sich gründet, wahr sind oder falsch.

1 Das Robinson-Paradox

Robinson Crusoe ist der Archetypus des Individuums, das außerhalb der Gesellschaft lebt und seine Bedürfnisse mittels seines Erfindungsreichtums, seines rationalen Denkens und seiner Arbeit stillt. Robinson gründet sein Sein auf der Beziehung zu Dingen und nicht auf der Beziehung zu anderen. Deshalb sah Rousseau in ihm das Modell des authentischen Individuums, das aus sich selbst heraus existiert und nicht durch den Blick der anderen. Die Ökonomen haben sich in ihrem rationalen utilitaristischen Kalkül oft auf Robinson als Beispiel bezogen. Man nehme zum Beispiel an, ein Fremder lande auf seiner Insel und böte Robinson eine Ware an, die dieser nur mit erheblichem Arbeitsaufwand selbst herstellen könnte, im Austausch mit einer Ware, die er mühelos herstellen kann. Liegt in diesem Tausch nicht klarerweise die Grundlage, auf der Gesellschaft sich bildet?

Das Paradox zeichnet sich ab, sobald man sich vor Augen führt, dass Robinson eine fiktionale Figur ist, und sogar eine sehr unwahrscheinliche, denn keine reelle Person könnte, so wie er, zwanzig Jahre in vollständiger Einsamkeit leben und dabei weiterarbeiten, als sei nichts gewesen. In Wirklichkeit existiert Robinson keineswegs aus sich selbst heraus: Er existiert dank der Millionen von Menschen, in deren Geist sein Bild eingepflanzt ist. Robinson gibt es nur, weil man von ihm spricht, und wenn keiner mehr von ihm spräche, dann verlöre er jegliches Sein. Robinson ist ein transindividuelles Objekt, er ist Teil der gemeinsamen Welt der westlichen Menschen, er ist eines der immateriellen kollektiven Güter, die deren Kultur konstituieren.

Damit Robinson, im Roman von Defoe, allein in Konfrontation mit der Dingwelt existieren kann, muss erst einmal der Roman selbst existieren. Und damit ein Roman existiert, muss wiederum Sprache existieren – und somit menschliche Gemeinschaft; er muss von jemandem geschrieben werden, der sich Leser vorstellt – also Mitglied der menschlichen Gemeinschaft ist. Und die Geschichte muss verbreitet werden von den Lesern des Romans, oder von jenen, die von Robinson gehört haben, und nun ihrerseits darüber reden. Wie alle kollektiven Güter ist ein Roman ein Ding, das einen Bezug zu den anderen voraussetzt, und das seinerseits die Beziehungen zwischen den Menschen nährt, indem es etwa zum Thema von Unterhaltungen wird.

Robinson ist als Figur ähnlich paradoxal wie die Wüstenväter, jene legendären Eremiten, die in erbauenden Chroniken den Gläubigen als Beispiel gegeben wurden. Auf jede Gesellschaft verzichtet zu haben, war eben das Merkmal, das diese Figuren zu einem weithin verbreiteten Gesellschaftsmodell werden ließ. Der von der Lektüre ihrer Lebensgeschichten verführte Christ entfernte sich dadurch aber mitnichten von der Gesellschaft, vielmehr hing er einem Modell an, das diese ihm vorgelegt hatte, er nahm an einem kollektiven Gut teil, das in der Kultur zirkulierte, zu der er gehörte, er verband sich mit einem gemeinsamen Wert. Auch Robinson wurde als Modell gestaltet, das die wahre Natur des Menschen veranschaulichen sollte, nämlich als die eines rationalen Individuums, das in Bezug auf die Dingwelt existiert und erst dann in Bezug mit den anderen tritt. Doch da dieses Modell reine Fiktion ist, kann schon die schlichte Tatsache, dass man es kennt und ihm anhängt, nur in einer stillschweigenden kulturellen Übereinkunft gründen, in einer gemeinsamen Vorstellung, die in unserem Geist nicht vorhanden wäre, wenn sie nicht gleichzeitig im Geist von Millionen von anderen vorhanden wäre: Wenn wir uns also auf die Figur des Robinson berufen, um die Vorstellung zu veranschaulichen, der Mensch hielte alleine der Dingwelt stand, dann bezeichnet bereits die Tatsache, dass wir uns auf ihn berufen, unsere Zugehörigkeit zu einem gemeinsamen Kulturraum.

Das Robinsonparadox ist symptomatisch für eine grundlegende Ausrichtung des modernen Westens. Die alte Ordnung des Christentums und des *Ancien Régime* beruhte, wie in nicht westlichen Gesellschaften auch heute noch oft, auf der Überzeugung, dass dem Menschen in Bezug auf die anderen ein Platz zugewiesen sei und dass sein Sein zuerst im Bezug auf seinen Platz gründet, und erst danach in den Beziehungen, die er zur Dingwelt eingeht. Die Moderne dagegen gründet den Status des Einzelnen auf die Arbeit und auf die Ausübung seiner Fähigkeiten, die Beziehung zu den anderen ergibt sich dann aus dieser ursprünglichen Beziehung zur Dingwelt.

Diese Umwälzung gibt sich aber nicht damit zufrieden, den sozialen Veränderungen der letzten Jahrhunderte Rechnung zu tragen, sie idealisiert sie vielmehr. Die Überzeugung, das Individuum existiere zunächst aus sich selbst heraus in seinem Bezug zur Dingwelt, ist nämlich eigentlich Teil des Credos, das die große westliche Emanzipationsbewegung des Individuums stützt, den Glauben an Vernunft und an Fortschritt. Der Abhängigkeit entkommen, dieser Quelle aller Schwierigkeiten und Erniedrigungen und Leiden! Wie sollten, überwältigt von »alldem, was nicht funktioniert«, die Menschen auch nicht vom Trugbild der Harmonie fasziniert sein, oder zumindest von der Hoffnung auf ein Ende des Kampfes jeder gegen jeden? Es ist also nicht erstaunlich, dass sich in der Emanzipationsbewegung des Individuums Illusionen und Pragmatismus vermischen. Wirklicher Fortschritt in Richtung Freiheit, aber verbunden mit einem Entwurf des Individuums, in welchem dieses seine Wünsche für Wirklichkeit hält.

Es ist kaum übertrieben zu sagen, dass sich die westliche Philosophie als Denken gegen die Abhängigkeit konstruiert hat, und zwar zuallererst gegen die Abhängigkeit, die das Kind mit seinen Eltern und mit seiner sozialen Umgebung verbindet. Weniger gegen die materielle Abhängigkeit als vielmehr gegen die intime, die persönliche. Gegen die »Lebensschuld«. Die große Illusion der Moderne besteht in der Vorstellung, dass die wechselseitige soziale Abhängigkeit der Menschen, ihre Interdependenz, sie nicht in ihrem Wesenskern betrifft, dass sie sich nur auf ihren Bezug zur Dingwelt bezieht (Interdependenz hinsichtlich Arbeitsteilung oder Bedürfnis-Befriedigung oder ähnlich utilitaristische Bezüge). Diese Illusion erlaubt die Hoffnung, dass, je rationeller sich der Bezug zur Dingwelt gestaltet (durch Wissenszuwachs, technologischen Fortschritt, gutes Management, optimierte Verteilung etc.), sich die menschlichen Beziehungen umso besser über Dinge mediatisieren lassen und sie dadurch umso harmonischer werden. Man leugnet nicht, dass es Leidenschaften gibt – Liebe und Hass; Eifersucht und Neid; das Leiden daran, die eigene Existenz nicht zu spüren; Freundschaft; Rivalität; Kampf um Anerkennung; grenzenlose Gier – aber man schiebt sie ins Reich der Psychologie, sprich: ins Private. Dem patriarchalen Klischee entsprechend eine Angelegenheit für Frauen und für Literatur. Um die sozialen Mechanismen stichhaltig, seriös und kompetent zu beschreiben, dürfe man daher die Leidenschaften nicht berücksichtigen, anders gesagt also jene Erscheinungsformen der Interdependenz, die den Menschen aber in seinem Wesenskern betreffen. In Wirtschaft und Gesellschaft herrsche das Eigeninteresse vor – eine Quelle von Konflikten, das ja, aber von beherrschbaren Konflikten dank rationalem Denken, rationaler Diskussion, Verhandlung und demokratischer Debatte.

Die Moderne gibt vor, das Individuum wurzele in seinem Sein nicht in kollektiven Gütern, und propagiert somit Selbstbilder des Typs Robinson. Dabei verkennt sie die Tatsache, dass es sich bei diesen Selbstbildern ihrerseits um transindividuelle Realitäten handelt, sodass also bereits ihre schiere Existenz der Botschaft widerspricht, die sie vermitteln.

2 Warum beschreiben statt vorschreiben?

Ich habe zu Beginn auf die fundamentale Verbundenheit hingewiesen, die moralischen und aktivistischen Reaktionsweisen zugrunde liegt, um einleitend die Stoßrichtung der folgenden Seiten deutlich zu machen. Sie stützen sich nämlich nicht auf diese Verbundenheit, sie stigmatisieren nicht das, was ist, im Namen dessen, was sein sollte. Sie berufen sich nicht auf ein Ideal, und sie verteufeln auch nicht den Kapitalismus. Vorausgesetzt, dass *der* Kapitalismus überhaupt existiert, denn tatsächlich gibt es und gab es verschiedenste Formen davon – die arabischen, indischen und chinesischen Handelskapitalismen existierten Seite an Seite mit seinen okzidentalen Varianten, die ihrerseits erhebliche Evolutionen durchliefen. Des Weiteren ist mir nicht daran gelegen, das gute alte dualistische Szenario wiederzukäuen, das mit prophetischer Geste dem Reich des Kapitalismus den kreativen Widerstand einer unterdrückten Masse entgegenstellt. Dieses Buch ist kein aktivistisches Manifest. Ich stütze mich darin vielmehr auf den gegenwärtigen Stand der Forschung in den Humanwissenschaften, um so klar wie möglich deren Ergebnisse darlegen zu können, die dabei sind, die Vorstellungen und Konzepte umzuwälzen, an die wir gewöhnt sind.

Mein Ansatz ist also nicht normativ. Er ist deskriptiv. Ich beschreibe gewisse Grundzüge von Mensch und Gesellschaft, so wie sie sind (und nicht so, wie sie sein sollten). Es geht darum, *in dem, was ist*, anderes sichtbar zu machen als man darin gewöhnlich sieht. Und es wird sich tatsächlich zeigen, dass sich heute auf dem Feld des Wissens eine veritable Revolution vollzieht. Diese Revolution ist langsam und leise, aber auf längere Sicht wird sie nichtsdestoweniger das politische Denken erschüttern. Man kann diese Revolution in einem Satz zusammenfassen: Während sich das westliche Denken seit mehreren Jahrhunderten auf die Überzeugung gründet, das Individuum ginge der Gesellschaft voraus, lassen alle Erkenntnisse, über die wir heute verfügen, nur den gegenteiligen Schluss zu, das Leben in der Gesellschaft geht also der Entstehung des Individuums voraus. Die Vorstellung, dass sich die Menschen in Gesellschaften organisiert haben, um die Güter zu produzieren, derer sie bedürfen – dass also die Wirtschaft die Basis von Gesellschaft ist –, wird rechts wie links noch immer geteilt; doch diese »Selbstverständlichkeit« erweist sich als falsch! Auf den folgenden Seiten lege ich die Tragweite dieser Umkehrung dar, die noch nicht abgeschlossen ist; neue Erkenntnisse werden jene, über die wir heute verfügen, ergänzen oder auch korrigieren. Der Perspektivwechsel aber ist irreversibel. Dieser Wechsel lässt sich mit dem vergleichen, den die Evolutionstheorie bewirkt hat (auch wenn auf dem Gebiet noch Wissenslücken verbleiben, so geht dennoch der biblische Schöpfungsbericht nicht mehr als glaubwürdige Beschreibung des Ursprungs der Menschheit durch).

In einer vorangegangenen Arbeit, *Le Sentiment d'exister*, habe ich zu einer Entdeckungsreise in die neue philosophische Landschaft geladen, die aus dieser Umwälzung heraus gerade entsteht, und versucht, einen Gesamtüberblick von ihr zu liefern. Dieses Buch knüpft an das vorherige an, konzentriert sich jedoch auf eine einzige der zuvor behandelten Fragen. Außerdem soll es so knapp wie möglich sein, im Gegensatz zu *Le Sentiment d'exister*, das eine Art philosophischer Saga entwirft – was mich zwingt, auf die Nennung der zahllosen Arbeiten, denen ich zutiefst verpflichtet bin, zu verzichten.

Diese Umwälzung bringt die Anerkennung dessen mit sich, dass menschliche Gesellschaften sich nicht auf der Basis einer einzigen Logik entwickeln (jener der Produktion und Zirkulation materieller Güter), sondern auch auf einer zweiten, die mit der Stärkung und Pflege der psychischen Existenz der Einzelnen zu tun hat. Jede Gesellschaft folgt dieser zweiten Logik nicht weniger als der ersten. Selbst wenn sie es (wie im Fall unserer heutigen Gesellschaft) nicht weiß, obwohl das wünschenswert wäre. Denn wenn es schon schwierig ist, richtig mit den Realitäten, die man kennt, umzugehen, wie sollte man sich dann um Realitäten kümmern, die man nicht kennt?

Das Vorhaben, diese zweite Logik mittels eines ausschließlich deskriptiven Ansatzes sichtbar zu machen, mag irritierend erscheinen. Ich werde daher zunächst darlegen, warum ein solcher Ansatz unerlässlich ist. (Womit ich mich jedoch, wie ich betonen möchte, in keinster Weise von jenen distanziere, deren Antrieb

Großzügigkeit, guter Wille und Sinn für Verantwortung ist.)

Ein rein deskriptiver Ansatz ist notwendig, weil eine gute Theorie nicht aus guten Gefühlen entsteht. Je mehr der Bezug auf das Gute unseren Denkhorizont ausfüllt, desto mehr schwindet paradoxerweise die Chance, zu einem guten Ergebnis zu kommen. Sobald wir nämlich wissen (oder zu wissen glauben), wo das Gute ist und wo das Böse, sind wir verleitet, uns mit diesen primären Überzeugungen zufriedenzugeben und formatieren so unseren Blick auf die Realität. Keine Überzeugung jedoch, so ehrenwert sie auch sei, kann die Untersuchung der Realität an und für sich ersetzen. Das Gute zu wollen, bevor man das Wahre sucht, heißt den Karren vor die Ochsen zu spannen. Ohne aufmerksame Neugier, ohne stetes Bemühen um das Erkennen der Realität ist jedes Engagement für das Gute wirkungslos, und sogar kontraproduktiv. Die Ermahnung zum Guten, die moralische Empörung oder die Feier der »Werte« sind allzu oft Alibi für intellektuelle Faulheit, für Konformismus oder für Obskurantismus. Letzterer übrigens entspricht selten seiner handelsüblichen Karikatur: Er lehnt eben nicht jegliches Wissen ab; vielmehr ist er meistens darum bemüht, dem scheinbar gesicherten Wissen die höchsten Weihen zu verleihen, um sich so vor der zerstörerischen Wirkung neuer Erkenntnis zu wappnen.

Doch gibt es einen anderen, spezifischeren Grund, einen deskriptiven Ansatz zu verfolgen. Keinen Grund, der etwa für jedes zu untersuchende Problem gültig bliebe, sondern einen, der innig mit der Frage verbunden ist, auf die dieses Buch abzielt. Der Unterschied zwischen einem Ansatz, der darin besteht, zu beschreiben was ist, und einem, der sich auf eine normative Ordnung bezieht, spiegelt die Opposition zwischen der Domäne der Fakten und jener der Werte wider. Und diese Opposition spiegelt ihrerseits die traditionelle Unterscheidung zwischen Materie und Geist wider. Im Allgemeinen halten wir uns bei dieser Unterscheidung nicht auf, denn sie ist für uns vollkommen natürlich, sie versteht sich von selbst.

Ein Grund mehr, sie zu untersuchen! Wir benutzen häufig die Worte »materiell« und »spirituell«, um das Feld utilitaristischer Tätigkeiten von einer reflektierteren Ausrichtung des Lebens abzugrenzen, und um unseren ärgerlichen Hang herauszustreichen, etwas als Ziel zu verfolgen, was doch nur ein Mittel sein sollte. In diesem Kontext beinhaltet die Pflege eines »spirituellen« Bewusstseins die Rückbesinnung auf sich selbst und auf die »Geistigen Dinge«. Ich sehe keinen Grund, die Unterscheidung zwischen diesen beiden Domänen nicht anzuerkennen: zwischen der materiell-utilitaristischen auf der einen und der in der Sorge um sich fußenden auf der anderen Seite.

Die Trennung zwischen dem Geistigen und dem Materiellen hat jedoch noch eine weitere Bedeutungsebene, die ihrerseits problematisch ist. Diese zweite Bedeutung unterscheidet sich völlig von der eben erwähnten; üblicherweise wird sie aber mit ihr vermischt, und bildet so einen Cocktail, dessen Zutaten wir meist nicht mehr unterscheiden, weil wir so sehr an ihn gewöhnt sind. In diesem zweiten Sinn verweist die Trennung zwischen Materie und Geist auf die Überzeugung, das Universum bestünde aus zwei radikal voneinander verschiedenen Grundsubstanzen: der Materie und dem Geist (oder dem Körper und der Seele). Gemäß dieser Überzeugung wären die uns umgebende Welt und unser eigener Körper aus einer in sich trägen Substanz geformt. Die unsichtbar bleibende Seite unserer selbst wiederum, die wir aber dennoch dank des Bewusstseins unserer selbst wahrnehmen, wäre aus einer belebten immateriellen Substanz gebildet: der Seele oder dem Geist. Dieser Dualismus ist uns vertraut, weil er seit nahezu zweieinhalb Jahrtausenden die Geschichte des europäischen Denkens prägt und somit den Stellenwert, den Vorstellungen darin einnehmen wie etwa von Erweckung, von Transzendenz, von Erhabenheit, von Erlösung, von Heil, vom Triumph des Guten über das Böse und schließlich auch von Revolution. Der Dualismus war einer der wesentlichen Stützpfeiler des Platonismus, und so in Folge auch der christlichen Doktrin und unserer philosophischen Tradition. Es fällt uns daher schwer, außerhalb dieses Dualismus zu denken, selbst wenn wir an seiner Gültigkeit zweifeln. Und ebenso schwer fällt es, der alten Kontroverse zu entkommen, die sich daraus ergibt: Spiritualismus gegen Materialismus.

Die Wissenschaften werden gemeinhin als »materialistisch« betrachtet. Diese Sicht ist vielleicht nur ein Vorurteil, denn die »Materie«, die uns die Wissenschaft enthüllt, ähnelt immer weniger der Vorstellung von Materie, an die uns unser alter Dualismus gewöhnt hat. Je mehr die biologische und neurologische Forschung vorankommt, desto verblüffender treten etwa die Fähigkeiten zur Selbstorganisation von Materie zutage. Erst einmal in neuronalen Netzen organisiert, die in der Lage sind, menschliche Sprachen zu generieren, erweist sich das, was wir »Materie« nennen, als zu im eigentlichen Sinn spirituellen Leistungen fähig – wobei jene am erstaunlichsten sind, die es den Menschen erlauben, ein Bewusstsein ihrer selbst zu haben. Gewiss stellt die Entwicklung der Wissenschaften die Existenz einer unteilbaren, immateriellen Substanz infrage, die in der Lage sei, aus sich selbst heraus, zu existieren und zu denken. Unmittelbarer noch schließt sie aber die alte Vorstellung von Materie aus, die sich Spiritualismus und Materialismus teilten.

Dieser kurze Exkurs zum Dualismus Materie/Geist dient nur als Hinführung zu den Folgen, die er für das politische Denken hat. Wir haben also gesehen, dass uns in der westlichen Tradition unser Sein (unsere Seele, unser *Selbst*) gleichzeitig mit unserem Körper gegeben wird: In der christlichen Version erhalten wir es direkt von Gott, sprich vom Ur-Geist; in der laizisierten Version erhalten wir es von der Natur: unser *Selbst* entstünde von sich aus in unserem Körper. In der religiösen wie in der säkularisierten Version ist es also nicht das Leben in der Gesellschaft, das uns zu Menschen macht, sondern es ist dieser wertvolle innere Kern.

Wenn dem so ist, warum leben Menschen dann in Gesellschaft? Es gibt Kulturen, in denen eine solche Frage niemandem in den Sinn käme. Das von diesem dualistischen Konzept strukturierte westliche Denken aber kam nicht umhin, sie sich zu stellen. Die häufigste Antwort ist folgende: *Die Menschen haben sich in Gesellschaften organisiert, um die Güter zu produ-*

zieren, derer sie bedürfen. Zahlreiche Versionen dieser Ursprungsgeschichte fügen dem hinzu: *und um für ihre Sicherheit zu sorgen* (vor der Gewalt untereinander oder vor den Gefahren, die sie von außen bedrohen). Und schon beschwört das Wort »Gesellschaft« eine Reihe von Bildern herauf, die der materialistisch-utilitären Sphäre entspringen: eine Ordnung, an die sich anzupassen wäre, und oft repressive Zwänge, die sich bestenfalls durch die Garantien, die sie den Menschen geben, rechtfertigen lassen, und weil sie die Quelle der Annehmlichkeiten sind, die sie genießen.

So hat unsere dualistische Tradition von Anfang an den Gedanken beiseitegeschoben, das Leben in Gesellschaft könnte *konstitutiv* für unsere Existenz sein. Sie macht diesen Gedanken sogar im wörtlichen Sinne undenkbar. Die Gesellschaft sei Quelle dessen, was man hat, und nicht dessen, was man ist (nur eine ideale Gesellschaft könnte sich auf der Höhe unseres Seins befinden – es ist so verlockend zu glauben, dass man mehr wert ist als die Gesellschaft, in der man lebt). Die Konstellation von Ideen und Bildern, die aus dieser dualistischen Vorstellung entsteht (und infolgedessen aus der utilitaristischen Rechtfertigung von Leben in der Gesellschaft), bildet einen der wesentlichen Sockel des westlichen Denkens und Fühlens.

Wir werden im Weiteren sehen, dass die sich gerade vollziehende Revolution auf dem Gebiet unserer Erkenntnisse die Zerstörung dieses Sockels und den Aufbau eines gänzlich anderen nach sich ziehen wird: Es wird nicht mehr darum gehen, das Soziale ausgehend vom Individuellen zu denken (worum man sich von Platon an bis in unsere Tage abgequält hat), sondern im Gegenteil darum, zu verstehen, wie sich die Individuen im und durch das Leben in der Gesellschaft ausbilden. Es wird darum gehen, zu verstehen, inwiefern die Beziehung zu den anderen der Beziehung zu den Dingen vorausgeht. Es wird darum gehen, zu verstehen, inwieweit es bei menschlicher Interaktion um Sein geht, und nicht nur um Haben.

Wenn wir zeigen wollen, dass »im Leben nicht nur das Geld zählt«, dann können wir angesichts der Dominanz des alten dualistischen Rahmens nicht anders, als uns den einzigen Referenzpunkten zuzuwenden, die in unserem Denkgebäude ein Gegengewicht zum sozialen, utilitaristischen und materiellen Komplex bilden: einem Ideal, den »Werten«, einem moralischen oder spirituellen Anspruch. So versuchen wir, das Überhandnehmen materialistischer Fixierungen zu bekämpfen. Unglücklicherweise ist uns dabei nicht bewusst, dass wir mit dieser Haltung der Gegenseite ein exorbitantes Zugeständnis machen. Indem wir uns auf moralische Argumente zurückziehen, uns auf das berufen, was sein sollte, zeigen wir nämlich indirekt, dass wir darauf verzichten, die Realität – das, was ist – anders zu beschreiben, als es die Gegenseite tut. Womit wir ihr implizit zugestehen, sie sei realistisch, und somit die Annahme akzeptieren, dass das Leben in der Gesellschaft, so wie es ist, auf dem Utilitarismus aufbaut. *Wir bestätigen also wider unserem Willen die Überzeugung, die wir gerne bekämpfen würden.*

Ein normativer und moralischer Ansatz mag sich also zweifellos für aktivistische Aufrufe eignen, taugt aber nicht dazu, die Natur der Dinge zu erfassen. Wenn wir glauben, dass Materialismus und Spiritualismus eine *Alternative* darstellen, und man sich folglich für einen der beiden entscheiden könne, dann täuschen wir uns: Es sind zwei *komplementäre* Vorstellungen, die nur im Bezug zueinander Sinn ergeben.

Der »Materialismus« hütet sich, Fragen nach unserer psychischen Existenz zu stellen, nach dem, was uns dazu bringt zu spüren (oder eben nicht), dass wir existieren; für den Materialismus versteht sich die Existenz des Selbst von selbst. In diesem Punkt ist sich der Materialismus mit dem Spiritualismus einig!

Wenn wir umgekehrt den Wert des Geistigen (oder Moralischen) betonen, dann bestätigen wir implizit die herrschende Auffassung des Materiellen (oder der Wirtschaft). Wenn nämlich der intime Kern des Menschen und die »Werte«, die ihm entsprechen, aus einer anderen Ordnung stammen als aus der sozialen, dann scheint letztere mit einem Mal nur mehr utilitaristischen Zwecken zu dienen. In diesem Punkt trifft sich der Spiritualismus mit dem Materialismus.

Indem wir das Geistige dem Materiellen gegenüberstellen, die Moral der Wirtschaft, das, was sein sollte, dem, was ist, nehmen wir eine Haltung ein, die sich uns wie selbstverständlich aufdrängt. Bedauerlicherweise ist die Konsequenz dieser Haltung eine Stärkung jenes Denksystems, in dem wir feststecken. Eines Denksystems, das uns genau daran hindert, zu verstehen, wie sehr das Leben in der Gesellschaft, *so wie sie ist*, nicht nur utilitaristische Zwecke erfüllt, sondern auch einer anderen Logik gehorcht.

Daraus wird wohl ersichtlich, weshalb ich den üblichen normativen Ansatz vermeide und warum ich es für die Erkenntnisfrage, ob menschliche Gesellschaften wirklich nur auf einer einzigen Logik basieren, als unabdingbar betrachte, mich eines deskriptiven Ansatzes zu bedienen.

3
Nach Marx

Die erste Etappe unseres Gedankenganges bilden einige Bemerkungen über das Werk von Marx. Warum mit Marx beginnen? Zunächst als ein Beispiel, das bestens sichtbar macht, wie der Wunsch nach dem Guten (der Wunsch nach Verwirklichung des Ideals) einen eigentlich als deskriptiv gedachten Ansatz verwässert. Zweitens weil Marx einige Grundannahmen mit dem liberalen Denken teilt, die immer noch unsere Moderne prägen. Schließlich weil der Marxismus mehr als ein Jahrhundert lang einen wesentlichen Referenzpunkt darstellte. Sei es, um sich auf ihn zu berufen, sich von ihm abzusetzen oder ihn zu bekämpfen: Keine politische Richtung konnte es vermeiden, sich in Bezug auf ihn zu positionieren. Es gibt also Besseres zu tun, als den Marxismus in der Versenkung verschwinden zu lassen (als genüge der Untergang der kommunistischen Regime als Beweis dafür, dass Marx nichts Zutreffendes geschrieben hätte). Es gibt aber auch Besseres zu tun, als die Flamme wiederbeleben zu wollen (als müsse man den ganzen Marxismus, weil er gerade weggespült wird von einer Welle der Rückbesinnung auf traditionelle Werte, vor der Havarie retten). Es geht weder darum, Marx zu vergessen noch zu ihm zurückzukehren, sondern darum zu verstehen, auf welchen Voranahmen sein

Denken aufbaut und diese einer Prüfung zu unterziehen.

Der Marxismus zwischen Suche nach dem Wahren und Sehnsucht nach dem Guten

Man kann zum Anhänger marxistischer Thesen werden, getrieben von einer Empfindung des Mitgefühls für das Leid der Arbeiter und der Armen und von der Sehnsucht nach einer gerechteren Gesellschaft. Diese moralischen Empfindungen haben eine Vielzahl großmütiger Menschen zum Marxismus geführt, darunter auch zahlreiche Christen. Dennoch wendet sich Marx nicht (zumindest nicht explizit) an diese Sehnsucht nach dem Guten: Er führt den Beweis für die Stichhaltigkeit seiner Doktrin nicht im Namen moralischer Werte, sondern im Namen des Wahren. Daher lässt er auch keine Gelegenheit aus, sie gegen alle philanthropischen Träumereien und Spekulationen »idealistischer« Philosophen in Stellung zu bringen. Die große Stärke des Marxismus liegt darin, dass er sich als Beschreibung der Wirklichkeit präsentiert, als Doktrin, die sich gänzlich auf die Kenntnis der Gesetze gründet, die die menschlichen Gesellschaften und ihre Geschichte bestimmen.

Einer der berühmtesten Sätze von Marx ist seine elfte »Feuerbachthese«: »Die Philosophen haben die Welt nur verschieden *interpretiert*, es kömmt drauf an, sie zu *verändern*.« Die Formulierung ist verblüffend, und sie ist hinreichend ambivalent, um zwei divergierende Botschaften miteinander zu verschmelzen. Sie fordert dazu auf, das Feld illusorischer Erkenntnisprozesse und frommer Wünsche zu verlassen und sich den ökonomischen, sozialen und historischen Realitäten zu widmen (anders gesagt: die spekulative Philosophie durch die Humanwissenschaften zu ersetzen). In dieser Hinsicht entwirft dieser Satz ein deskriptives Programm und kein normatives. Er enthält aber eine weitere Bedeutung, die noch mehr zu seinem Erfolg beigetragen hat. Eine Bedeutung, die man so umschreiben könnte: Es wurde ausreichend Zeit auf der Suche nach Erkenntnis verbracht, jetzt, da wir wissen, wie die Welt zu verändern ist, wissen wir genug; Nun ist es Zeit zu handeln! Die begeisternde Aussicht auf eine bessere Welt lässt so die Notwendigkeit von Erkenntnis zweitrangig erscheinen. Zur Losung konnte diese berühmte Feuerbachthese deshalb werden, weil sie suggeriert, der historische Materialismus sei, im Gegensatz zu allen anderen Wissenschaften, eine abgeschlossene Wissenschaft und reiche somit als gültiger Leitfaden revolutionären Handelns aus.

Das gesamte Werk von Marx, und nicht nur dieser eine Satz, kombiniert auf verführerische Weise einen deskriptiven (also wissenschaftlichen) Ansatz mit einem normativen (zeigen, was nicht funktioniert, und zeigen, was sein muss). So wussten Marxisten nicht nur, was sie sich wünschen sollten, sondern hatten auch die wissenschaftliche Absicherung, dass dieses Wünschen der Ordnung der Dinge entspräche und sich folglich unweigerlich verwirklichen würde. Dabei von »Vertrauensseligkeit« zu sprechen, wäre vermessen, neigen wir doch alle angesichts des ungewissen und schmerzhaften Charakters unserer Conditio humana dazu, unsere Wünsche für Wirklichkeiten zu halten. Es ist also so verwunderlich nicht, dass sich dem Bemühen, die Wirklichkeit so zu erkennen, wie sie ist, immer der Wunsch beimischt, sie eben doch anders zu sehen.

Marx hat einen enormen Aufwand betrieben, um die Welt, in der er lebte, zu verstehen und er ist tatsächlich zu neuen Erkenntnissen gelangt. Insbesondere beleuchtete er wie kein anderer vor ihm jene Machtverhältnisse, die sich zwischen Mitgliedern einer Gesellschaft ausbilden je nach der Stellung, die sie auf dem Feld der wirtschaftlichen Tätigkeit einnehmen. Die Philosophie der Aufklärung hatte sich noch darin gefallen zu glauben, dass eine klug erarbeitete und von allen in Freiheit angenommene Verfassung als die Legitimationsquelle für die Machtausübung über die Mitglieder einer Gesellschaft dienen könne. Und während zahlreiche Zeitgenossen von der Wiederherstellung des sozialen Zusammenhalts durch spirituelle Erneuerung oder durch ein sozial ausgerichtetes Christentum träumten, verstand Marx, dass es vor der Hinwendung zu einem Ideal zunächst der Beschreibung und Analyse der existierenden sozialen Bindungen bedarf. Er vermochte zu zeigen, wie sich menschliche Gesellschaften unter dem beherrschenden Einfluss von Zwängen ausbilden, die durch materielle Bedürfnisse und ökonomische Produktionsweisen entstehen, indem er auf die Tatsache hinwies, dass dieser »Sachzwang« Beziehungen zwischen den Menschen herstellt, die unabhängig von ihrem Willen sind, da er die einen der Macht der anderen unterwirft.

Dennoch hat Marx bekanntermaßen nichtsdestoweniger dem visionären Verlangen nachgegeben, die »Gesetze der Geschichte« als einen letzten Kampf des Guten gegen das Böse zu sehen, auf den das Heil der klassenlosen Gesellschaft folgt, in der das natürliche Spiel der Kräfte die Wirtschaft so umgestalten werde, dass der Einzelne endlich als Zweck behandelt werde, und nicht mehr als Mittel. Ich lasse hier den Millenarismus beiseite, der heute (zumindest in seiner marxistischen Ausprägung) kaum mehr Anhänger hat. Vielmehr interessiere ich mich für die Vorstellung des Menschen und der Gesellschaft, die dem Marx'schen Denken zugrunde liegt und für jene, die dieses Denken mit seinen Gegnern teilt.

Die Vorannahmen, die der Marxismus mit dem Liberalismus teilt

Das Konzept von Mensch und Gesellschaft, das der Marxismus mit dem liberalen Denken teilt, erweist sich in drei wesentlichen Punkten als problematisch.

Der erste betrifft den Tausch. Schon auf den ersten Seiten von *Das Kapital* verstrickt sich Marx in eine Diskussion über den Begriff »Wert« (von dem ausgehend er übrigens eine Theorie entwickelt, die letztlich auf einer moralischen Überzeugung gründet: der Gleichheit zwischen den Menschen). Marx will sich natürlich von den vorausgegangenen Ökonomen abgrenzen. Aber er möchte auch, dass sein Buch als ein Werk der Ökonomie anerkannt wird. Folglich muss er sich auch auf ihr Feld begeben und wie sie sprechen von Waren, von Gebrauchswert, von Tauschwert, von Äquivalenz, von Preisbildung usw. Mithin ist die einzige Form der Zirkulation von Gütern, die Marx in Betracht zieht, jene des Tausches. Es handelt sich dabei um eine Beschränkung, die sich bei den klassischen Ökonomen aus ihrem Bedürfnis erklärte, aufzuzeigen, dass die menschlichen Beziehungen von Natur aus auf Harmonie angelegt sind, woraus folgt, dass auf das Zeitalter der Kriege jenes des Handels folgen könne. Für Marx verschleiern die von der klassischen Ökonomie beschriebenen Naturgesetze der Harmonie das oftmals ungerechte und gewaltsame reale Kräfteverhältnis. Er zeigt also auf, dass der Austausch verfälscht ist, bleibt dabei aber selbst im Rahmen des Austauschs verfangen.

Dass menschliche Gesellschaften, eingeschlossen der kapitalistischen, jedoch auch andere Formen der Güterzirkulation kennen, ist unübersehbar. Im Zuge der Arbeiten von Mauss wurde auf die Bedeutung der Gabe verwiesen. Kaufen, verkaufen, geben – womit die Liste nicht vollständig ist; hinzuzufügen sind: verbreiten durch Nachahmung (bezogen auf immaterielle Güter wie technische Verfahren oder kulturelle Praktiken), umverteilen durch Steuererhebung, erben und vererben, stehlen, plündern, versklaven, oder auch nur zerstören. Nicht alle diese Formen der Zirkulation erfüllen die Anforderung nach Gegenseitigkeit so wie es der Tausch im Wesentlichen tut; nichtsdestoweniger spielen sie seit je auf dem Feld wirtschaftlicher Aktivität ihre Rolle. Den räuberischen Charakter mancher ökonomischer Tätigkeiten verkennt Marx natürlich nicht: Er verweist darauf, dass die Ausbeutung des Menschen durch den Menschen die gesamte Geschichte durchzieht; er zeigt, dass sich im Kapitalismus die Ausbeutung unter dem Deckmantel des Austausches fortführt, ja sogar verstärkt und verschärft. Um seine eigene Sicht jener der klassischen Ökonomie entgegenzusetzen, die so tut, als fügten sich die Menschen spontan dem Prinzip der Gegenseitigkeit, hätte Marx also ohne Weiteres auf eine erweiterte Beschreibung der Formen von Güterzirkulation zurückgreifen können: Das hätte ihm sehr viel schlagkräftigere Argumente geliefert. Warum hat er darauf verzichtet? Aus drei Gründen:

Zum Ersten: Um einen Gegner auszukontern, muss man ihn auf seinem Terrain attackieren. Das bringt einen dazu, ihn zu imitieren. Marx war vom wissenschaftlichen Duktus der klassischen Ökonomie angezogen und wollte, dass sein kritischer Ansatz seinerseits als wissenschaftlich rezipiert wird. Das führte ihn dazu, von denselben Grundlagen auszugehen wie seine Gegner.

Zum Zweiten: Wenn Marx die Tatsache explizit anerkannt hätte, dass die Menschen dazu neigen zu nehmen, ohne etwas dafür zu geben – eine Tatsache von kaum zu übersehender Evidenz –, dann hätte er gleichzeitig auf die übertrieben optimistische Vorstellung verzichten müssen, die er sich von der menschlichen Natur machte. Marx glaubte in schöner Kontinuität wie seine Vorgänger der Aufklärung, dass die Menschen in einer guten Gesellschaft notwendigerweise gut wären. Hätte er sich von dieser Überzeugung losgesagt, dann hätte er damit auch die Prophezeiung zunichtegemacht, auf die seine Doktrin hinausläuft.

Marx weist die Vorsehung der »unsichtbaren Hand« zurück, aber nur um an ihre Stelle die historische Vorsehung zu setzen, die zur klassenlosen Gesellschaft führe.

Zum Dritten: Hätte sich Marx mit den Formen von Zirkulation durch Gabe oder durch Umverteilung beschäftigt, dann hätte ihn das dazu gebracht anzuerkennen, dass menschliche Gesellschaften nicht nur der Notwendigkeit nachkommen, die materiellen Bedürfnisse ihrer Mitglieder zu erfüllen, sondern dass in diesen Formen der Güterzirkulation andere, nicht weniger lebenswichtige Funktionen im Spiel sind. (Ich komme darauf zurück.)

Betrachten wir zunächst den zweiten Typus von Vorannahme, den Marx beziehungsweise die marxistische Vulgata mit ihren Gegnern teilt: Die Produktion von Gütern bildet *die* Grundlage jeder menschlichen Gesellschaft (und nicht nur *eine* ihrer Grundlagen). Diese These ist schon seit Langem nicht mehr spezifisch marxistisch, sie ist zur vorherrschenden Überzeugung geworden und gilt als selbstverständlich. Was nichts daran ändert, dass sie falsch ist.

Als Beleg für diese These kann man sich auf eine unbestreitbare Tatsache berufen: Die menschlichen Verbände, die Zehntausende von Jahren hindurch vom Jagen und Sammeln lebten, konnten sich kaum entwickeln, da sie die notwendigen Lebensmittelüberschüsse nicht bereitstellen konnten, um Gruppen von Einzelnen zu unterhalten, die sich ausschließlich mit Handwerk, Handel, Verwaltung, Religion oder Politik befassen. Dieser Sachverhalt beweist jedoch keinesfalls, dass ökonomische Aktivitäten die *einzige*

Basis von Gesellschaft bilden. Die Verbände der Jäger und Sammler waren durch klar definierte Verwandtschaftsverhältnisse strukturiert (ganz zu schweigen von weiteren Institutionen oder symbolischen Systemen, die ebenso zur sozialen Organisation sowie deren Erhalt beitrugen), und diese Bindungsverhältnisse stellten eine notwendige Basis für produktive Kooperation dar. Es wurde tatsächlich noch nie eine Gesellschaft beobachtet, die sich einzig auf ökonomischer Basis entwickelt hätte. Die Entwicklung von Ressourcen und Techniken scheint im Gegenteil immer in Organisationsformen eingebunden zu sein, die sich dafür eignen, einen gewissen Zusammenhalt aufrechtzuerhalten und die psychische Existenz der Mitglieder einer Gesellschaft zu stützen. Die Vorstellung, soziale Beziehungen seien im Grunde nur Produktionsbeziehungen, hat sich als unzutreffend erwiesen. Wir werden etwas später noch sehen, dass Affengesellschaften – denn es handelt sich dabei unleugbar um Gesellschaften – in keinster Weise auf ökonomischer Organisation beruhen.

In der These von der Wirtschaft als alleiniger Basis einer Gesellschaft stellt bereits die bloße Idee einer klaren Unterscheidung zwischen determinierenden und determinierten Realitäten ein Problem dar. Das Studium sowohl biologischer als auch sozialer Phänomene zeigt, dass die Beziehungen von Ursache und Wirkung weniger mit einer Kette vergleichbar sind als vielmehr mit einem Netz, in welchem mannigfache Faktoren interagieren und in dem die Wirkungen ihrerseits selbst Rückwirkungen auf ihre Ursachen produzieren. Die materiellen Bedingungen sind folglich nicht allein determinierend dafür, dass eine Gesellschaft eine bestimmte soziale und ökonomische Lebensweise annimmt. Die geistigen Vorstellungen, die relationalen Praktiken, die Seinsweisen, die von vielen als bloßer »Überbau« betrachtet werden, erweisen sich faktisch als ebenso determinierend.

So sind die Beziehungen zwischen den Mitgliedern einer Gesellschaft nicht nur von der Produktionsweise wirkungsdeterminiert; die Natur dieser Beziehungen erzeugt zugleich eine determinierende Wirkung auf die Ökonomie. Die Orientierungspunkte, die einen in einer gegebenen Gesellschaft der Identität seiner selbst und der anderen versichern, die Institutionen, die den Einzelnen einen Platz in Bezug zu den anderen zuweisen, die relationalen Praktiken und die Zeitabläufe, auf Grundlage derer jeder seine Interaktionen mit den anderen koordinieren und ihren Verlauf antizipieren kann, das Spektrum an Vorstellungen, an Arten und Weisen, etwas zu tun und zu sein, die die Mitglieder einer Gesellschaft teilen (vom Kochen über den Gebrauch unterschiedlichster materieller Güter bis zu Freizeitaktivitäten, Erziehungspraktiken, Religion usw.): All das spielt eine grundlegende Rolle.

Eine notwendige Bedingung für die Existenz einer Gesellschaft ist, dass deren Mitglieder wissen, was sie im Umgang mit den anderen erwartet, und dass für ein Maß an Verlässlichkeit gesorgt ist. Es ist notwendig, dass die Identität jedes Einzelnen, sein Platz sowie die unterschiedlichen (ihrerseits verlässlich bestimmbaren) Situationen angepassten verschiedenen Szenarien der Interaktion stabil sind und allgemein gelten. Es ist unabdingbar, dass die Beziehungen zwischen den Einzelnen und den Generationen so strukturiert sind, dass jeder weiß, wer er ist, in der Gesellschaft einen Platz haben und in Bezug auf die anderen existieren kann. Die Infrastruktur einer Gesellschaft, das ist vor allem ein Ensemble aus Institutionen, aus Vorstellungen und aus überlieferten und verinnerlichten Seinsweisen, das solide, unabhängige Bezugspunkte bildet, auf die sich jeder berufen kann. Ohne all das verflüchtigt sich das Vertrauen, verfallen die Beziehungen, und die Individuen brechen zusammen.

So sind etwa Währungen keinesfalls ein Trick der Ökonomie, der notfalls auch verzichtbar wäre. Es handelt sich dabei im Gegenteil um eine dieser grundlegenden Institutionen, die das Vertrauen stützen, die ihrerseits wiederum gestützt werden von diesem Vertrauen, und deren Zusammenbruch unweigerlich zum Zusammenbruch der wirtschaftlichen Tätigkeit führt. Da übrigens das in die anderen und in die Zukunft gesetzte Vertrauen weitaus nervenschonender ist als das Misstrauen und die Unsicherheit, stellt es schon an sich einen erheblichen, ja zentralen Faktor für das Wohlbefinden dar, Seite an Seite mit den von der Wirtschaft produzierten Gütern. (Ich komme darauf im 9. Kapitel zurück.)

Die dritte Vorannahme, die der Marxismus mit seinen Gegnern und mit dem modernen Denken im Allgemeinen teilt, ist die Vorstellung, dass die psychische Existenz der Menschen eine Selbstverständlichkeit sei. Dass jeder ein Bewusstsein seiner selbst und ein Gefühl zu existieren hat, gilt als Tatsache, die keiner Hinterfragung und keiner Erklärung bedarf. Marx macht sich Gedanken über die Inhalte des Bewusstseins, insbesondere über die Art und Weise, in der wir uns die soziale Welt, in der wir leben, vorstellen, und er versucht zu erklären, wie sich diese Vorstellungen ausbilden. Doch wie bildet sich das Bewusstsein selbst aus? Worauf stützt sich unsere psychische Existenz, unser Gefühl zu existieren? Die Frage wird nicht gestellt.

In diesem Punkt treffen sich, wie schon gesagt, Materialismus und Spiritualismus. Wohl messen die Spiritualisten dem Bewusstsein des Selbst Bedeutung bei, doch auch sie stellen sich keineswegs Fragen zum Prozess der Ausbildung dieses Bewusstseins und noch viel weniger zur Verletzlichkeit des Gefühls zu existieren. Der Spiritualismus macht vielmehr aus dem »Selbst« eine angeborene Substanz: Selbst ist man aus sich selbst heraus oder durch eine Gabe Gottes.

Die Materialisten nun halten alles, was den Spiritualisten oder Idealisten besonders wichtig scheint, für besonders unwichtig (und umgekehrt). Folglich interessiert man sich nicht für das Bewusstsein, sondern für die Bedingungen der materiellen Existenz, die als *die eigentliche* Wirklichkeit eingestuft werden: Es geht darum, sich zu fragen, wie die Menschen (über) leben, und nicht, wie sie existieren (im Sinne der Versicherung eines Gefühls zu existieren). Die Frage danach, wie die psychische Existenz entsteht und was ihr Halt gibt, stellt sich also für die Materialisten genauso wenig wie für die Spiritualisten. Die einen wie die anderen gehen von der Existenz des Selbst als Gegebenheit aus, als Selbstverständlichkeit, die keiner Betrachtung oder Hinterfragung wert ist. In dem neuen Bild aber, das sich durch die jüngeren Forschungsergebnisse abzuzeichnen beginnt, lässt sich erkennen, dass es sich keinesfalls um eine »Selbstverständlichkeit« handelt. Die psychische Existenz der Individuen lässt sich nicht mehr als »Gegebenheit« betrachten, die dem Leben in der Gesellschaft vorausginge oder die von ihm unabhängig wäre.

Marx war sich, wie schon erwähnt, der Tatsache vollends bewusst, dass menschliche Gesellschaften von Kräfteverhältnissen durchdrungen sind, und dass, wenn eine Kraft sich gegen das Allgemeinwohl stellt, sich dem nur eine äquivalente Kraft entgegenstellen kann. Hierbei handelt es sich tatsächlich um eine selbstverständliche Wahrheit: Zu planen, was zu tun sei, führt zu nichts, wenn keine Kräfte vorhanden sind, um diesen Plan umzusetzen. Akademiker und Intellektuelle neigen jedoch immer dazu, diese Wahrheit zu vergessen: Da ihr Beruf auf Wissen gründet, überschätzen sie tendenziell dessen Macht, als genüge es zu wissen, um zu handeln. Der Beitrag von Marx bleibt in dieser Hinsicht ausgesprochen wertvoll. Es gilt sogar, das Feld der Kräfteverhältnisse weiter zu fassen, da diese nicht nur im Ökonomischen wirken, sie betreffen auch das innerste Sein der Mitglieder einer Gesellschaft. Bei den Kämpfen geht es nicht nur um materielle Interessen, sondern auch um das grundlegende Empfinden der eigenen Existenz. Als Person zu existieren heißt, einen Platz unter den anderen zu haben. Und um einen Platz unter den anderen einzunehmen, muss man einen Platz in ihrem Geist haben, muss man von ihnen anerkannt werden.

4
Die Ursprünge der modernen Definition des Individuums

Heute ist bekannt, dass der *Homo Sapiens* niemals entstanden wäre, wenn seine Vorfahren nicht über Jahrmillionen in Gesellschaften gelebt hätten. Woher kommt also die hartnäckige Überzeugung, der Mensch sei zuerst da gewesen und habe die Gesellschaft geschaffen?

Ich habe bereits darauf hingewiesen, wie mit Platon der Spiritualismus dem Menschen einen himmlischen, göttlichen Ursprung zuweist, was notwendigerweise impliziert, dass das Individuum vor der Gesellschaft existiert: Gewiss ist es durch seinen Körper in der Abfolge der Generationen und somit in einer gegebenen Gesellschaft verwurzelt, seine Seele jedoch entspringt nicht dem Leben in der Gesellschaft. Vergleicht man außereuropäische Erzählungen über den Ursprung von Gesellschaft mit den platonischen, tritt der Unterschied klar zutage. In diesem anderen Erzähltypus stellt sich die Ausbildung von Gesellschaft und von Kultur immer als Prozess der Menschwerdung dar, als Übergang in einen zwar auch problematischen, doch nichtsdestoweniger höher entwickelten Zustand, verglichen mit dem vorangegangenen, in dem der Mensch noch eine Art Tier ist. Wohl lassen sich bei Platon Spuren dieses Erzähltypus finden, doch tritt bei ihm ein neues Motiv in Erscheinung, eines, dem eine große Zukunft bevorsteht: Die Menschen organisieren sich, um ihre Bedürfnisse zu befriedigen. Von nun an wird Gesellschaft als *Organisation* betrachtet, die bestimmte praktische *Funktionen* bedient. Und im Weiteren führt dieses Motiv zur Ansicht, die Menschen seien bereits Menschen, bevor sie in Gesellschaft leben.

Letzteres kommt klar in einer Erzählung zum Vorschein, die die abendländische Tradition tief geprägt hat: in der Geschichte von Adam und Eva – oder vielmehr in ihrer vom Christentum verbreiteten Lesart. Sie ist dem platonischen Philosophen Philon von Alexandria geschuldet. Er zeigt uns Adam und Eva in einem prä-sozialen Zustand bereits als fertige Menschen. Und so lässt sich plötzlich der Vorgang, durch den unsere Ureltern, als sie von der Frucht der Erkenntnis des Guten und des Bösen kosteten, in einen Stand von Kultur versetzt werden (einschließlich der Geburt des Begehrens, des Tragens von Kleidung, der Arbeit und der Zubereitung von Speisen), nicht mehr als Menschwerdung darstellen. Er wirkt nun im Gegenteil wie eine Herabstufung und spiegelt so die platonische Lehre vom Sturz der ehedem himmlischen Seele in die Niederungen dieser Welt. Niemand glaubt, wird man sagen, die Geschichte von Adam und Eva sei wörtlich zu nehmen. Doch genau aus diesem Grund macht sich niemand die Mühe, sie ernsthaft zu hinterfragen. Wichtig für die Moderne war, sich von der Erbsünde zu befreien, und das haben die Philosophen der Aufklärung gemacht. Doch hat sie das nicht daran gehindert, liebevoll die Vorstellung vom Menschen an sich zu pflegen, der aus sich selbst zu sich selbst würde, ganz ohne Zutun eines sozialen Lebens!

Im siebzehnten und im achtzehnten Jahrhundert erfreuten sich Spekulationen über den Ursprung von Gesellschaft zunehmender Beliebtheit. Sie hatten zwar das ganze Mittelalter hindurch bestanden, doch unterlagen sie da der Kontrolle der Theologen. Besonders die Franziskaner hatten ein Szenario entwickelt, das Gesellschaft als künstliche Schöpfung des Menschen erscheinen ließ. Ein Erbe, auf das sich später die Jesuiten beriefen. Generell stellte die Theologie das Gottgemachte dem Menschengemachten gegenüber. So wie Gott die Welt erschaffen hatte, hatten die Menschen die Gesellschaft erschaffen. So wie Gott hatten sie es also nicht nötig, in Gesellschaft zu leben, um Mensch zu sein. Im siebzehnten Jahrhundert bemächtigen sich laizistische Philosophen dieses theologischen Erbes. Und so verkünden Hobbes und Locke ihr Konzept einer künstlich geschaffenen Gesellschaft.

Hobbes, darin ein braver Schüler des Augustinus, schildert uns die Menschen als zutiefst von der Erbsünde geprägt: Ihr Wille und ihr Verstand seien überschwemmt von ihrem Begehren, im Geist der anderen zu existieren; dergestalt führe die Eigenliebe zu Rivalität und Zwietracht zwischen ihnen. Nun kann man zu Recht glauben, dass dergleichen wechselseitige Abhängigkeit eine Art von sozialer Bindung voraussetzt, doch Hobbes denkt das nicht: Da der Mensch für ihn bereits vor jeder Gesellschaft Mensch ist, besteht die Rolle der Gesellschaft nicht darin, die Einzelnen zu Menschen werden zu lassen und ihnen Zugang zu sich selbst zu verschaffen, sondern vielmehr darin, eine

Ordnung durchzusetzen, die die Heftigkeit menschlicher Begierden begrenzt.

Locke wiederum lässt die Auswirkungen der Erbsünde verblassen. Anders gesagt ist er weitaus weniger als Hobbes von der Tatsache beunruhigt, dass die zwischenmenschlichen Spannungen unserer *Conditio humana* inhärent sind und dass die gegenseitige Abhängigkeit der Begehren die Willenskraft übersteigt. Locke findet Gefallen daran, sich einen quasi adamischen Urzustand vorzustellen, der der Entstehung der Gesellschaften vorausgegangen sei. In diesem Entwurf eines Naturzustandes kommt jedes Individuum – dem ja unmittelbar von Gott das Recht verliehen ist, sich die Erde untertan zu machen – in den freien Genuss seiner selbst, der Frucht seiner Arbeit und des Eigentums an Land, das er kultiviert.

Dieser Vorstellung war eine große Zukunft beschieden. Daniel Defoes berühmter Roman *Robinson Crusoe*, der am Anfang des achtzehnten Jahrhunderts erscheint, veranschaulicht sie, indem er sie in der Wirklichkeit des alltäglichen Lebens verankert und ihr so eine erstaunliche Plausibilität verleiht. Bereits zuvor hatte Descartes an einer als wahrhaftig präsentierten Erzählung gestrickt, in der er sich selbst als eine Art Robinson der Erkenntnis darstellte, der die Welt des Wissens einzig aus der Gewissheit seiner selbst heraus neu schuf. Mit Descartes, Locke und *Robinson Crusoe* wird man Zeuge der Entstehung der Vorstellung des Menschen, auf der noch heute das westliche Denken basiert. Auch und besonders betrifft das die orthodoxe Wirtschaftswissenschaft, der gemäß es den Individuen möglich sei, aus ihrem freien Willen heraus die Bindungen zu bestimmen, die sie untereinander eingehen, da sie ja voneinander unabhängig seien: Dergestalt wird der Begriff des Vertrags zum Modell einer jeden gesunden Beziehung.

Mit dem Menschen im Naturzustand, so wie ihn Rousseau schildert, mischt sich der christlich inspirierten Tradition dann eine heidnische Erzählung bei, die die Philosophen der Aufklärung (und ihre Nachfolger im neunzehnten Jahrhundert) als materialistisch ansahen: die *Von der Natur der Dinge* des Lukrez. Rousseau bereitete es keine große Schwierigkeit, die beiden Quellen zusammenzubringen, ähnelten sich doch der adamische Robinson und die ersten Menschen des Lukrez bereits in einem wesentlichen Punkt: Sie waren von Natur aus mit dem Gefühl ihrer eigenen Existenz ausgestattet; folglich unterlagen sie auch nicht der Notwendigkeit, dieses Gefühl mittels mehr oder weniger mühsamer Beziehungen zu ihren Mitmenschen erst zu erzeugen und dann zu pflegen; *die wesentliche Beziehung, auf die sich ihre Existenz gründete, war die Beziehung zu den Dingen*. Im neunzehnten Jahrhundert verbreiteten sich dann die als wahr oder wenigstens realistisch präsentierten Beschreibungen des Lebens der »Urmenschen« und der Pioniere, die ihnen glichen. Die Protagonisten dieser Erzählungen ringen hauptsächlich mit der materiellen Welt (sei es, um sie zu erforschen oder sie zu beherrschen), untereinander verbunden sind sie nur durch ihre selbstbestimmten, selbstbewussten Unternehmungen.

Diese für das moderne westliche Denken so charakteristische merkwürdige Verbindung von Spiritualismus (das seiner psychischen Existenz immer gewisse

Individuum) und Materialismus (der Mensch, der hauptsächlich mit der Dingwelt ringt) begünstigte folgerichtig die Entwicklung der Wirtschaftswissenschaften, so wie wir sie heute noch kennen. Das Postulat der Selbstgewissheit ermöglichte erst den Gedanken, dass der Mensch von Natur aus von affektgetriebenen Bindungen zu den anderen frei sei, dass er folglich in der Hauptsache sein materielles Wohlergehen suche und dass er dieser Aktivität nachgehe, indem er auf vernünftige Weise das Verhältnis von Mittel und Zweck abwägt sowie Einsatz (Kosten) und Ertrag (Profit) ausbalanciert. Auch wenn die Individuen natürlich nicht so isoliert voneinander sind wie ein Robinson, so wollte man dennoch glauben, ihre Interaktionen seien vom Interesse geleitet (anders gesagt von objektivierbarem Konsens oder Dissens, und nicht vom Bedürfnis, in den Augen der anderen zu existieren), was den Gedanken erlaubte, die Menschen seien dazu in der Lage, die zwischen ihnen auftretenden Spannungen rational zu handhaben. Ergänzend erklärte man den vertraglich fixierten Austausch als konstitutiv für menschliche Interaktion, und schon erschien die vom spontanen Spiel dieses Austausches erzeugte allgemeine Güterzirkulation als vorteilhaft sowohl für die Einzelnen als auch für die Gemeinschaft.

Der spiritualistisch-materialistische Entwurf des Individuums setzte sich auch auf dem Feld des politischen Denkens durch. Jedes Individuum hat den Drang zur Selbsterhaltung, zur Bewahrung seines Seins. Und da der Mensch von Gott geschaffen ist (unmittelbar oder auch vermittelt von der Natur), hat dieser Drang als ein Recht zu gelten – ein Naturrecht, ein Grundrecht, das folglich auch nicht das Gegenstück zu einer sozialen Verpflichtung ist (dieses bedingungslose Recht bildet historisch den Ursprung dessen, was wir heute *Menschenrechte* nennen). Mithin wird das Leben in der Gesellschaft nicht mehr als ein vitales natürliches Milieu betrachtet, sondern auf eine rational zweckgebundene Organisation reduziert, die die Ausübung eines individuellen Rechts garantiert, das ihm logischerweise vorangeht.

Dieses theoretische Konstrukt spielte eine grundlegende Rolle bei der Entstehung der Demokratie. Vom Ende des Mittelalters an setzten sich in den abendländischen Gesellschaften antitheokratische Strömungen durch; sie hatten begonnen, die Theologie zu nutzen, um das Prinzip einer direkt von Gott verliehenen Macht und Autorität zu bekämpfen. Die Philosophen und Theoretiker des Naturrechts, die etwas später dann die von unten kommende Macht (die Volkssouveränität und die Demokratie) legitimieren würden, konnten gar nicht anders, als sich auf das Konzept des Individuums zu stützen, das ihnen von der Theologie vermacht worden war. Das heißt nun nicht, dass Demokratie nur ausgehend von diesem Bündel an Vorannahmen denkbar wäre, unabhängig von den Umständen; es heißt vielmehr, dass es im Kontext der von den europäischen Intellektuellen des siebzehnten und achtzehnten Jahrhunderts geteilten Vorstellungen notwendig war, sich auf diese Vorannahmen zu stützen, um überhaupt gehört zu werden.

Fügen wir diesem gewiss sehr vereinfachten Bild noch einen letzten Aspekt hinzu. Im neunzehnten Jahrhundert wird, wie man weiß, das intellektuelle

Leben von einer Gegenreaktion zum Individualismus geprägt: Man begreift, dass mit dem Ancien Régime auch der theokratische und autoritäre Sockel der europäischen Gesellschaften gestürzt worden war, und möchte nun versuchen, eine Verbindung zu schaffen oder wieder aufzunehmen, um die zerstörerischen Wirkungen einer Atomisierung der Gesellschaft zu lindern, die von den Theorien des Naturrechts ermuntert wurde. Nichtsdestoweniger waren jedoch alle, die eine neue Form von Gemeinschaft zu denken versuchten, ohne es zu bemerken, überzeugt von der Vorstellung des Individuums, die sich über Jahrhunderte hinweg entwickelt hatte. So ist einem Félicité de Lamennais etwa durchaus klar, dass das Individuum sich nicht außerhalb des Lebens in Gesellschaft entwickeln kann, doch das hindert ihn nicht daran, gleichzeitig zu denken, die Menschen hätten ursprünglich nicht in Gesellschaft gelebt und jeder einzelne Mensch existiere unabhängig von den anderen, da er ja von Gott geschaffen sei. Das moderne Konzept des Individuums müsse folglich, für Lamennais und viele andere nach ihm, nicht bekämpft werden, weil es falsch, sondern vielmehr, weil es verhängnisvoll sei: Den Individualismus bekämpfen heißt, den Egoismus bekämpfen.

Es ließen sich zahllose Beispiele anführen, die doch immer die gleiche Sackgasse aufzeigen würden: Diejenigen, die sich in den zwei letzten Jahrhunderten gegen den Individualismus gestellt haben (und das sind viele), teilen unbewusst manche der Voranahmen, auf denen basiert, was sie beklagen. Das Wesentliche entgeht ihnen also. Das Wesentliche nämlich ist, wie das folgende Kapitel zeigen wird, dass die psychische Existenz, das Sein an sich eines jeden Individuums – wie egoistisch auch immer es sei – nur entstehen und sich halten kann, wenn es über ein Netz, ein Geflecht sozialer Interdependenzen verfügt, in dem Güter unterschiedlicher Art zirkulieren, handelbare wie nicht handelbare.

Der Terminus »Individualismus« bezeichnet eigentlich drei verschiedene Konzepte:

1 Im Alltagsgebrauch ist das Wort ein Synonym für Egoismus; man benutzt es, um das »jeder nur für sich« zu kritisieren.
2 Positiv verstanden bezeichnet das Wort die Gesamtheit der Lebensweisen und der sozialen Ressourcen, die es dem Menschen erlauben, sich frei zu entwickeln, sich zu entfalten, sich zu emanzipieren. Die freie Partnerwahl, die Gleichheit von Frauen und Männern, die Menschenrechte, die Erziehung zu Toleranz, die Respektierung der Privatsphäre, der Anspruch auf ein eigenes Zimmer, die Pluralität von Informationsquellen, die es erst erlaubt, sich selbst ein Bild zu machen, statt propagandistischer Willkür ausgeliefert zu sein etc.: All diese Praktiken, Institutionen, Ressourcen und Seinsweisen gehen auf ein Verständnis von Individualismus zurück, dem man sich nur verschreiben kann.
3 Schließlich bezeichnet das Wort Individualismus aber auch eine bestimmte Vorstellung dessen, was der Mensch sei. Diese Vorstellung impliziert, dass die Existenz des Selbst eine Grundgegebenheit, eine Naturtatsache sei: Zuerst existiere das Individuum, konfrontiert mit der Dingwelt, und dann erst knüpfe es Beziehungen mit den anderen. Das

westliche Denken setzt diese Vorstellung, die man als *prometheisch* bezeichnen kann, üblicherweise in Gegensatz zu jener, die es dem afrikanischen oder asiatischen Denken zuschreibt – manchmal auf grotesk karikierende Weise: »Für die zählt das Individuum nicht.« Dennoch entbehrt dieser Gegensatz nicht jeder Grundlage, neigen die nicht westlichen Gesellschaften doch dazu zu denken, der Mensch könne nicht existieren ohne einen Platz in Bezug zu den anderen einzunehmen und Bindungen mit ihnen zu unterhalten (wer sich auf familiäre und soziale Bindungen stützen kann, gilt hier häufig als freier Mensch, während der Sklave bindungslos ist). Ich beschäftige mich in diesem Buch, wie schon erläutert, nicht mit der ersten Definition des Wortes »Individualismus», genauso wenig wie mit der zweiten, die doch auf Wirklichkeiten verweist, denen sich jeder freiheitsliebende Mensch verbunden fühlt. Es geht um die dritte Definition. Es gilt, sie vom Movens der Emanzipationsbewegungen zu unterscheiden. Das ist, anders als gemeinhin gedacht, möglich und nötig. Selbst wenn sich diese Bewegungen unter den Auspizien einer prometheischen Ideologie entwickelt haben, so sind sie doch mit dieser nicht unentwirrbar verbunden; auch in einer Ära post-prometheischen Denkens wird es sie vielmehr weiterhin geben.

Es ist nachvollziehbar, warum heute jene, die man Intellektuelle nennt, sich wie gelähmt vor der triumphalen Expansion einer Wirtschaftsdoktrin wiederfinden, die doch die meisten unter ihnen von einem moralischen Standpunkt aus so sehr kritisieren. Weil ihnen ganz einfach noch kein *anderes* Modell, wie

Mensch und Gesellschaft zu denken sind, zur Verfügung steht. Unser Humanismus bleibt eben weitgehend der Konzeption des Individuums verpflichtet, die doch die Grundlage für das ökonomische Denken bildet. Die Philosophie, deren Aufgabe es im Wesentlichen ist, zu bedenken oder zu überdenken, was den Menschen ausmacht, müsste sich notwendigerweise, um diese Aufgabe zu erfüllen, auf die Erkenntnisse stützen, die von den Humanwissenschaften und von der Biologie hervorgebracht werden. Aber die Philosophen neigen bekanntermaßen eher dazu, aus der Fülle ihres reichen Erbes zu schöpfen und untereinander zu diskutieren. Das Ergebnis ist, dass sie, wenn sie sich als Erben der spiritualistischen Strömung gegen den ökonomischen Materialismus auflehnen, weiterhin eine Konzeption des Individuums predigen, die jener entspricht, die das orthodoxe ökonomische Denken voraussetzt. Die Philosophie (besonders wenn sie sich auf die kognitiven Wissenschaften kartesianischer Prägung beruft) trägt so dazu bei, deren Glaubwürdigkeit zu bestärken.

5
Eine Revolution in Wissen und Bewusstsein: Die Gesellschaft kommt vor dem Individuum, die Koexistenz kommt vor der Existenz des Selbst

Im neunzehnten Jahrhundert wurde mit den Pionieren der Soziologie die Überzeugung, das Individuum gehe der Gesellschaft voraus, allmählich infrage gestellt. Viele von ihnen reagierten, wie schon erwähnt, auf die atomisierenden Auswirkungen des von den Theoretikern des Naturrechts vertretenen Individualismus, auf den Zusammenbruch einer Jahrtausende alten theokratischen Ordnung und auf die von der industriellen Revolution hervorgerufene soziale Desintegration. In ihrem Kampf vermischte sich die Suche nach dem Guten mit jener nach dem Wahren. Sie entdeckten allmählich, dass die Gesellschaft weitaus komplexer ist, als sie wäre, wenn sie auf der rein rationalen Basis von Verträgen und politischer Verfassung beruhte. Dennoch verzichteten sie weder auf ihre prometheische Vorstellung des menschlichen Tuns noch auf ihren Fortschrittsglauben und vermischten dabei oft die Hoffnung auf ein neues Christentum mit jener nach einer in der Industrialisierung gründenden harmonischen Gesellschaft.

Auch für Marx war Prometheus der Einzige, der einen Platz im Heiligenkalender verdiente. Das hinderte ihn aber nicht daran, der Vorstellung vom autonomen rationalen Subjekt einen schweren Schlag zu versetzen, indem er die Wirkungen aufzeigte, die für jeden Einzelnen die Stellung hervorbringt, die er in der Gesellschaft einnimmt, ohne dass er es will oder auch nur weiß. Marx stellt fest, dass die »Produktionsverhältnisse« ab einem bestimmten Grad von Komplexität nicht mehr durch einen Austausch bestimmt werden, der den Erfordernissen der Gegenseitigkeit entspricht, da manche Individuen sich aufgrund der Stellung, die sie in der Struktur der Gesellschaft einnehmen, in einer Position der Stärke befinden und daraus Profit auf Kosten der anderen schlagen, die angesichts ihrer je eigenen Stellung gezwungen sind, die Bedingungen zu ertragen, die man ihnen bietet. Marx stellt einen weiteren eigentlich leicht zu beobachtenden Typus von Tatsache fest: Die Vorstellungen, die wir uns von der sozialen Welt machen, in der wir leben, entsprechen nicht ganz dem Ziel einer interesselosen Erkenntnis, da wir nicht umhin können, von unseren Vorstellungen gleichfalls zu erwarten, dass sie uns stärken; dergestalt dass die Entwicklung des Wissens und der Austausch von Argumenten nicht hinreichend sein können, um die Divergenzen zwischen den Ideen zu beseitigen, da diese zu einem nicht zu vernachlässigenden Teil der Tatsache zu verdanken sind, dass die, die sie vertreten, unterschiedliche Stellungen einnehmen im jeweiligen Verhältnis zu den anderen.

Die Überzeugung, das Individuum ginge der Gesellschaft voraus, erlaubt den Gedanken, man sei Herr seiner selbst, eins mit dem Ursprung seiner selbst. Die beiden von Marx nachgewiesenen Sachverhalte erschüttern diesen Anspruch. Die Revolution des Denkens, die mit Marx (und einigen anderen) beginnt, ging nach ihm weiter und wuchs über ihn hinaus. Heute ist sie an einem Punkt angelangt, den Marx selbst sich nicht hätte vorstellen können.

Sie geht sogar weiter, als er es sich gewünscht hätte. Marx ist eine der großen Figuren, die das okzidentale Ideal von Emanzipation und prometheischem Fortschritt illustrieren, indem sie die das westliche Denken prägende theologische Auffassung von Geschichte samt ihrer Heilserwartung in laizisierter Form weiterführen. Ein Marxist beteiligt sich gerne am Fortgang der Geschichte, da er über ihre Gesetzmäßigkeiten Bescheid weiß; da er das Spiel ideologischer Determiniertheit durchschaut, kann er sich davon freimachen. So hat der Mensch, auch wenn er von der Geschichte geprägt ist, dennoch die Macht, sich neu zu erschaffen und eine neue Gesellschaft aufzubauen. Im heutigen Sinn und Verständnis war Marx noch weit vom Gedanken, die Gesellschaft ginge dem Individuum voraus, entfernt: er denkt nur, dass sie das Individuum determiniert, dass sie darauf einwirkt. Ob die Gesellschaft nun den Menschen entfremdet oder seine Selbstverwirklichung erlaubt, ob sie ihn unterdrückt oder ihm zu Diensten steht, sie unterscheidet sich doch von seinem Sein, sie ist nicht dessen Ursprung. Deshalb plant ein Revolutionär auch, die Gesellschaft zu zerstören, um sie auf neuer Basis wieder aufzubauen: Er sieht nicht, dass die komplette Abrechnung mit der Gesellschaft, um einen »neuen Menschen« zu schmieden, bedeutet, sich für einen Prozess der Selbstzerstörung einzusetzen.

Die prometheische Vision des Menschen, die den Marxismus-Leninismus beseelt hat, ist nicht verschwunden. In stärker individualisierten Formen besteht sie weiter, etwa als »authentisches Selbst« im Gegensatz zum »sozialen Ich«. Es geht darum, man selbst zu sein und dem von der Gesellschaft ausgeübten Druck zu widerstehen. Dies geschieht, indem man sich gegen sie auflehnt, oder Werte pflegt, die sie transzendieren. Man begegnet heute auch einer weiteren Form von Kompromiss zwischen der Wahrnehmung wechselseitiger zwischenmenschlicher Abhängigkeit, mit der alle im Alltag konfrontiert sind, und dem Bedürfnis, aus sich selbst heraus man selbst zu sein. Dieser Kompromiss besteht darin, die Anerkennung unserer relationalen und sozialen Bindungen unter den Schirm der Moral zu stellen. Wenn es dem Gebot der Moral entspricht, »den anderen anzuerkennen«, dann heißt das, ich könnte das auch nicht tun und dass folglich meine Bindung an die anderen von meinem Willen und meinem Altruismus abhängt. Dieser schöne Humanismus erlaubt es uns nun, einer Feststellung auszuweichen, die wir dabei alltäglich machen können: Die relationalen und sozialen Bindungen, in denen wir uns wiederfinden, sind nicht das Ergebnis unseres guten Willens, sondern bilden vielmehr einen bereits existierenden Rahmen, ohne den es uns nicht einmal gäbe. Sich mit anderen auseinanderzusetzen und man selbst zu sein, spielt sich nicht auf zwei verschiedenen Feldern ab, sondern auf einem einzigen.

Diese einleitenden Anmerkungen zielen darauf ab, die Lesenden darauf hinzuweisen, dass die Aneignung der neuen Erkenntnisse (die ich nun sehr kurz und ohne Anspruch auf Vollständigkeit vorstellen werde) nicht nur einen intellektuellen Ansatz von ihnen verlangt, sondern gewissermaßen auch eine Revision ihrer selbst. Diese Erkenntnisse haben tatsächlich insofern etwas Unangenehmes an sich, als sie uns zeigen, dass wir nicht aus uns selbst heraus existieren: Sie stellen sich somit unserer Neigung entgegen, uns jene Vorstellungen anzueignen, die uns bestätigen.

Es beginnt zunächst mit dem einfachen Hinweis, dass die Vorstellung eines Naturzustandes, in dem die ersten Menschen ohne Gesellschaft gelebt hätten, heute nur mehr als *eine Fiktion* betrachtet werden kann, *die jeglicher rationaler Basis entbehrt.* Tatsächlich geht das Leben in Gesellschaften der Entstehung des Menschen um mehrere Millionen Jahre voraus. *Der Naturzustand des Menschen ist ein sozialer.*

So gibt es bereits für Affen kein anderes Leben als das Leben in einer Gesellschaft. Vor einem Jahrhundert mochte man sich noch vorstellen, dass Affen untereinander nur gelegentlich Kontakt gehabt hätten oder dass sie lose Gruppen gebildet hätten, in denen die Individuen jedoch kaum Bindungen untereinander eingegangen wären. Heute lassen uns wissenschaftliche und auch populärwissenschaftliche Werke die Komplexität der Sozialstruktur unter Affen entdecken. Die zweite Hälfte des zwanzigsten Jahrhunderts brachte hierin einen wahren Umbruch der Erkenntnislage mit sich. Forscher hatten systematisch auf täglicher Basis mit der Beobachtung von Affengruppen begonnen. Sie lernten so, die einzelnen Individuen einer Gruppe zu unterscheiden. Dieser Lernzuwachs erlaubte ihnen bald die Erkenntnis, dass jeder Affe die

Mitglieder seiner Gruppe identifiziert und in Bezug auf jeden Einzelnen ein je spezifisches Verhalten an den Tag legt. So konnten die Forscher veritable »Dorfchroniken« erstellen und die Komplexität und Logik der Interaktionen unter den Affen zusehends entschlüsseln. Letztere werden unter drei großen Kategorien subsumiert: Verbündung, Vermeidung und Konfrontation. Diese Verhaltensweisen gestalten sich variabel in Abhängigkeit vom Status, gebunden an Verwandtschaftsbeziehungen (die sich von Art zu Art unterscheiden), Machtverhältnisse und Hierarchien im Zugang zu Gütern und Dienstleistungen. Manche Bindungen entsprechen temporären Allianzen, die sich aus dem Kontext einer Beziehungsdynamik innerhalb der Gruppe erklären, die man schon fast als politisch bezeichnen kann. Andere Bindungen, wie etwa jene, die die Kinder mit ihrer Mutter vereint, werden über Jahre hinweg aufrechterhalten. Man kann nicht genug die Relevanz der Tatsache betonen, dass die jüngere Generation sich im Schatten der vorangehenden entwickelt. Das soziale Band ist vor allem ein intergenerationelles (bei den Menschen wird es noch an Bedeutung gewinnen, da es häufig die Koexistenz dreier Generationen umfasst und eine Transmission mit einschließt, bei der die Vorfahren weiterhin eine Rolle für die Lebenden spielen).

Was besonders auffällt, wenn man vom Sozialleben der Affen liest, ist das instabile, angespannte und für jedes Individuum immer besorgniserregende Gleichgewicht zwischen der Entfaltung seiner vitalen Energie und der Pflege seiner Beziehungen zu den anderen: Es scheint, als nehme die soziale Umgebung die Aufmerksamkeit eines jeden noch mehr in Anspruch als die materielle Umgebung. Das Sozialleben der Affen kündet ein hervorstechendes Merkmal der *Conditio humana* an: Die sich einerseits immer erneuernde Spannung zwischen der nötigen Aufrechterhaltung einer lebbaren Koexistenz und, andererseits, der Drang, der Individuen oder Teile eines sozialen Ganzen, sich auf Kosten der anderen breitzumachen und sich zu behaupten.

Allgemein kann die Verwandtschaft von Menschenaffen und *Homo Sapiens* nicht mehr so aufgefasst werden wie zu Darwins Zeiten. *Der Ursprung der Arten* hatte der christlichen Schöpfungserzählung einen schweren Schlag versetzt; die angeblich materialistischen Bildvorstellungen vom Leben der ersten Menschen jedoch, mit ihrem Beharren auf einer präsozialen Existenz der Individuen und deren Kampf ums Überleben, waren glaubhaft geblieben. Das ist heute nicht mehr der Fall.

Zunächst führt diese neue Annäherung weniger dazu, den Menschen zu erniedrigen, als vielmehr, das Tier zu erhöhen: Auch der Affe ist als soziales Wesen zu definieren. Die sich unter den Menschen entwickelnden Formen gesellschaftlichen Lebens gehen erkennbar weit über jene hinaus, die Schimpansen oder Bonobos bekannt sind: Der Mensch hätte keinen Zugang zu sich selbst ohne eine gemeinsame Welt, ohne ein Ensemble kollektiver Güter wie Sprache, Repräsentationen, Institutionen, Organisation von Raum und Zeit, Techniken des Tuns und des Seins, kurz, ohne Kultur, welche das vitale Milieu eines jeden Einzelnen bildet. Das ändert aber nichts daran, dass sich Sprache ohne die Existenz prähumaner Sozialität nicht hätte entwickeln können, und dass ohne die Entstehung von Sprache der *Homo sapiens* nicht aufgetaucht wäre. Mehrere Millionen von Jahren der Evolution innerhalb einer sozialen Umgebung bilden die notwendige Vorbedingung für die Entstehung und Entwicklung von Sprache. Und Sprache und Gesellschaft bilden ihrerseits das unabdingbare Milieu für das Erwachen eines Bewusstseins des Selbsts. Die Existenz einer prähumanen Sozialität ist Teil der biologischen Geschichte des Menschen, die er nach wie vor in sich trägt.

Des Weiteren ist die Vorstellung, das Leben in Gesellschaft sei eine Form der Organisation mit dem Ziel, bestimmte Zwecke zu erfüllen, fragwürdig geworden. Gewiss hilft das Leben in Gesellschaft den Affen, die Zwecke von Lebensunterhalt und Fortpflanzung zu sichern, aber die Komplexität ihrer Interaktionen sowie deren Themen gehen weit über die rein zweckgebundene Ebene hinaus. Diese haben etwas Willkürliches an sich, so wie jede Form von Leben, sodass das Leben in Gesellschaft selbst ein natürliches Milieu darstellt, dem sich jedes Individuum ebenso notwendig anpassen muss wie seiner physischen Umgebung. Man kommt hier an die Grenzen funktionalistischen Denkens, das im Schema von Mittel und Zweck festhängt. Zu fragen, warum sich auf der Erde ein Leben in Gesellschaften entwickelt hat, ist nicht sinnvoller als zu fragen, warum diese oder jene Pflanzen- oder Tierart entstanden ist. Für die Menschen wie für die Affen ist das Leben in Gesellschaft Teil ihrer Konstitution, es ist ihr natürliches Sein. Es ist kein Mittel im

Dienst eines Zwecks. Es ist ein Zweck an sich. Zu sagen, die Menschen hätten sich in Gesellschaften organisiert, *um* Güter zu produzieren, ist folglich so absurd wie zu sagen, dass sie Füße haben, um Schuhe zu tragen: Wir tragen Schuhe, weil wir Füße haben, und wir produzieren Güter, weil wir in Gesellschaften leben. Selbstredend ist wirtschaftliche Tätigkeit unabdingbar für den Erhalt menschlicher Gesellschaften, das ändert jedoch nichts daran, dass *das Leben in Gesellschaft ökonomischer Aktivität um Jahrmillionen vorausgeht.*

Lassen wir nun die weit entfernten Ursprünge des *Homo sapiens* und seine Naturgeschichte beiseite und widmen uns dem viel näher liegenden Ursprung eines jeden von uns. Rousseau gefiel es zu glauben, Kinder könnten und müssten sich in den ersten Lebensjahren entwickeln wie ein Robinson Crusoe, auf der Basis eines »natürlichen« Bezugs zu den Dingen, ohne Bezug zur Gesellschaft, und erst anschließend dürften sie in Beziehung zu den anderen treten. Wir werden sehen, dass das genaue Gegenteil zutrifft: Erst in und durch seine Beziehungen mit anderen Personen, die ihrerseits in Gesellschaft leben, wird ein Säugling zu einer Persönlichkeit; und diese Basis, dieser Rahmen ist die *nötige Voraussetzung*, damit sich sein Bezug zu den Dingen entwickelt.

Die erste Bedingung dafür, dass ein Säugling zu einer Persönlichkeit wird, ist, dass seine Eltern ihn als solche betrachten, und das bereits vor seiner Geburt. Diese Anerkennung wird durch den Eigennamen symbolisiert, der dem Kind gegeben wird. Die Tatsache, eine Person mit einem Bewusstsein seiner selbst zu sein, die sich eines unteilbaren, weil bedingungslosen

Existenzrechts erfreut, ist das Ergebnis einer Kooperation zwischen biologischer Reproduktion und kultureller Transmission. Um zu existieren, reicht es für uns nicht aus, dass unser Organismus zur Welt kommt und die für seine Entwicklung nötige Pflege erhält. Wir müssen auch im Geist unserer Eltern als menschliche Persönlichkeit existieren. Die symbolische Einschreibung unserer Persönlichkeit in ihrem Geist geht unserer eigentlichen Existenz voran und bedingt sie. Um zu sein, brauchen wir, anders gesagt, einen *Seinsort*, und dieser Seinsort ist ein von unseren Eltern und von der Gesellschaft neu geschaffener Platz. Unsere Eltern sind nämlich nicht die alleinigen Schöpfer dieses für uns eingerichteten Seinsortes. Denn im Gegensatz zur überkommenen Vorstellung, Familien hätten zunächst unabhängig voneinander existiert, um sich dann zu Gesellschaften zu formieren, existiert die Familie beim Menschen nicht außerhalb von Bündnisbeziehungen, die ihrerseits einen sozialen Raum voraussetzen; und weiter besteht Familie beim Menschen auch nicht ohne Verbindung und ohne Transmission zwischen den Generationen. Diese Verbindung trägt die Einschreibung der Mitglieder in eine soziale Zeit mit sich (eine Einschreibung ins Gedächtnis der Gruppe oder eben ins standesamtliche Register). Damit jeder Einzelne zur Existenz kommt, muss also vor ihm bereits eine Ordnung der Koexistenz bestehen – ein Ensemble an Vorstellungen, die über jeden Einzelnen hinausreichen, indem sie ihm einen Platz in Bezug zu den anderen einräumen.

Die Verbindung zwischen dem Affenbaby und seiner Mutter begründet sich nicht ausschließlich durch deren Funktion der Ernährerin: Der junge Affe könnte ohne den körperlichen Kontakt mit ihr nicht leben; zwischen diesen beiden Wesen besteht eine wahrhafte Verbundenheit. Bei den Menschen ist diese lebensnotwendige Bindung noch ausgeprägter und ausdifferenzierter, denn über den körperlichen Kontakt (einschließlich der Stimme und des Blicks) erhält der Säugling von den Erwachsenen, die sich um ihn kümmern, sein eigenes Selbst, seine innere Existenz. Das Gefühl, zu existieren, kann sich ohne solche Hilfe nicht entwickeln.

Die Interaktionen zwischen dem Säugling und den Erwachsenen, an die er sich bindet, werden zunehmend komplexer. Sie erlauben es dem Kind, den Sprachfluss, in dem es badet, zu internalisieren; sie erlauben es ihm, langsam in der gemeinsamen Welt, in der auch die anderen leben, Fuß zu fassen. Sie führen insbesondere zur Ausbildung eines gemeinsamen Zeitverständnisses: Über Rollenspiele verinnerlicht das Kind Interaktionsmuster und lernt, sie in einem Zeitablauf zu verorten, in Lebensrhythmen, die es mit seiner Umgebung teilt. In seinen Interaktionen mit dem Säugling ist der Erwachsene Mediator zwischen dem Säugling und dessen Umwelt; er führt immer mehr Objekte und Referenzen auf die gemeinsame Welt ein und öffnet so ein gesamtes materielles und soziales Universum, dessen Repräsentation das Kind verinnerlicht, in dem es lernt, sich zurechtzufinden, und das es im Zuge seiner Aktivitäten erforscht. Für den Säugling erschließt sich der Zugang zu sich selbst vor allem durch seine Eltern, doch im Lauf seiner Entwicklung erweitert sich das Universum des Kindes: Es lernt, sich sowohl in Interaktionen mit anderen Personen existent zu fühlen als auch in Momenten, in denen es allein ist. Und darüber tritt es in Kontakt mit neuen Dingen, mit neuen Ausschnitten seiner Umwelt. Es fasst Fuß in den unterschiedlichen kleinen Sozialwelten, die es umkreisen. Das Gefühl zu existieren, zu leben, das jeder von uns verspürt und das ein Grundzug der menschlichen Gattung ist, kann folglich nur in und durch das Leben in Gesellschaft entstehen, nur in der und durch die Teilnahme an einer gemeinsamen Welt.

Indem wir dieses gesellschaftliche Leben verinnerlichen, belebt es unsere seelische Struktur und stützt sie, wodurch wir erst lernen können, allein zu sein und dabei ein Gefühl des Wohlbefindens zu verspüren. Doch wäre es verfehlt zu glauben, wozu uns unser Narzissmus und unsere Anmaßung verführen: dass wir das in der Einsamkeit verspürte Wohlbefinden nur uns selbst verdanken. Denn sobald die relationalen Grundlagen unseres Seins geschwächt sind oder erschüttert werden, sobald der Strom stockt, der zwischen uns, den anderen und den Dingen zirkuliert, die unsere gemeinsame Welt bilden, leiden wir an den Folgen. Das führt oft bis zum Gefühl der Inexistenz, bis zur panischen Angst vor der Leere oder bis zur Empfindung, ein Nichts zu sein.

Die Entstehung des Menschen wäre also ohne vormenschliche Gesellschaften nicht möglich gewesen, und das Neugeborene kann ohne die Unterstützung einer menschlichen Gesellschaft nicht zu einer Persönlichkeit erwachsen; nun bleibt noch zu betrachten, wie uns das spontane Gefühl, man selbst aus sich selbst heraus zu sein, eine Illusion für eine selbstverständliche Tatsache halten lässt. Diese falsche Tatsache manifestiert sich in der Aussage »Ich denke«: Denken erscheint uns als eine Tätigkeit, die direkt aus uns herauskommt. Daher verleihen wir etwa Gott die (zu ihrer Vollkommenheit gebrachte) Macht, ganz alleine aus sich selbst heraus zu denken. Die cartesianischen Philosophen glaubten, Gott habe dem Menschen, indem er ihn nach seinem Bilde schuf, diese Macht weitergegeben. Seit dem siebzehnten Jahrhundert mussten wir erheblich von dieser Selbstgefälligkeit abrücken. Wir mussten zugeben, dass die Sprache nicht nur ein Mittel ist, um unsere Gedanken auszudrücken, sondern dass wir – anders als Gott – ohne Sprache unfähig sind zu denken, ohne von den anderen und somit von der Gesellschaft eine Sprache übermittelt bekommen zu haben. Das stolz behauptete »ich denke, also bin ich« vergisst die Lebensschuld, die dieses »ich bin« an die Welt der anderen bindet, der es entspringt.

Zugleich begann man zu erkennen, dass unsere Denkmöglichkeiten nicht einzig auf der Sprache basieren, die wir erlernt haben; tatsächlich müssen wir mit unserer Umgebung auch einen Diskursrahmen, also eine gemeinsame Vorstellungswelt teilen, um diese Sprache zu nutzen: all das eben, was wir uns wie unsere Muttersprache, sozusagen ohne uns darüber bewusst zu sein, durch Immersion aneignen. Um in den Genuss eines mentalen Raumes zu kommen, in dem sich Gedanken verknüpfen, müssen wir vorher in den Genuss eines sozialen Existenzraums gekommen sein.

Die Sprache erlaubt uns das, was uns umgibt, in ein Universum von Vorstellungen einzuordnen. Dieses Universum, scheint es, ist grenzenlos. Die menschlichen Kulturen bescheiden sich nicht damit, Vorstellungen von Vergangenheit, von Zukunft und vom Anderswo zu schmieden, sie arbeiten auch Glaubensgebäude und Fiktionen aus, in denen die Bilder des Unendlichen, der Allmacht und der Vollkommenheit einen zentralen Platz einnehmen.

Während wir diese Endlosigkeit, die wir sowohl als Reichtum wie auch als Leere erleben, in uns tragen, verorten wir uns selbst in ihrem Inneren und gewinnen durch die Abgrenzung unserer selbst, die uns in Bezug auf die anderen einen Platz einzunehmen erlaubt, an persönlicher Gestalt. Zu verdanken ist das zunächst unseren Eltern, die uns erst einen »Seinsort« geben und dann, im Laufe der täglichen Interaktionen, dazu beitragen, dass sich in uns das Gefühl unserer »Selbstheit« ausbildet, unserer Dauer. Diese bildet den Faden, auf dem wir unsere Erinnerungen aufreihen, einen Faden, den wir abspulen können, indem wir jemandem diese Erinnerungen erzählen. So werden die Ereignisse und Eindrücke, die wir erlebt haben, so einzigartig auch immer sie sein mögen, zu uns selbst mittels der Alchemie einer Sprache und einer Welt, die wir mit den anderen teilen.

Der Erkenntnis, dass das Bewusstsein kein aus sich selbst heraus entspringendes magisches Licht ist, folgte zwangsläufig auch die Anerkennung der Existenz einer unbewussten mentalen Aktivität, auf deren Basis sich das Bewusstsein entwickelt. (Die Frage »gibt es eine unbewusste mentale Aktivität« stellt sich vom wissenschaftlichen Standpunkt her nicht mehr. Das Problem liegt vielmehr im Verständnis dessen, wie eine bewusste mentale Aktivität möglich ist.)

Wir glauben, uns dessen, was wir denken und reden, bewusst zu sein. Doch während wir uns der Informationen, die unsere Worte vermitteln, annähernd bewusst sind, ist uns der Beziehungscharakter der Handlung, diese Worte an einen Ansprechpartner zu richten, weitaus weniger bewusst. Im Unterschied zur menschlichen Sprache besteht jene der Affen (die Töne und die Mimik, die sie erzeugen) nicht aus Wörtern, die Dinge bezeichnen. Deshalb benötigen sie, anders als wir, kein Konversationsthema, um zu kommunizieren. Ihre Sprache ist nicht von ihren Interaktionen zu trennen, sie ist vollständig eingebettet in ihr relationales Leben. Diese interaktive Dimension – der Spannungsausgleich zwischen dem kreatürlichen Hang zur Selbstausdehnung einerseits und andererseits der nicht minder kreatürlichen Notwendigkeit, mit seinesgleichen »auszukommen« – ist bei uns ebenso vorhanden. Nur bleibt sie uns in Teilen wegen der uns bewussteren informationellen Dimension (das, *wovon* wir sprechen) verborgen. Die okzidentale Tradition privilegiert den informationellen Aspekt von Sprache und somit ihre konzeptuelle Handhabung auf Kosten ihres interaktiven Aspekts. Mithin stellen wir uns den Menschen als ein Subjekt vor, dessen große Aufgabe das Erkennen und Einwirken auf die Welt sei, so als befinde sich dieses Subjekt außerhalb der Umgebung, in der es wirkt. Ein derartiges Selbstbild kann natürlich nichts daran ändern, dass wir im selben Boot wie die anderen sitzen, ob wir nun für oder gegen sie sind. Aber es erlaubt, sich vorzustellen, dass wir als »rationale Subjekte« nicht in dieser Interdependenz gefangen sind, was schmeichelhaft ist.

Diese Kultur des erkennenden, wissenden Subjekts hat brillante Resultate erzeugt. Der dafür zu zahlende Preis ist paradoxerweise eine Verkennung, ein Unwissen: Indem er sich selbst vor sich selbst als rationales Individuum darstellte (oder als *Homo oeconomicus*, der dessen Ableger ist), hat der moderne Mensch vergessen, dass das Sozialleben der Ort ist, an dem es um sein eigenes Existieren geht. Lieber glaubte er, er sei von Natur aus mit einem hinreichenden Gefühl zu existieren ausgestattet, einer Art vor-sozialem oder über-sozialem Kern. Zwar hat er anzuerkennen, dass der Mensch sich mit seinesgleichen herumzuschlagen hat, das hindert ihn aber nicht daran zu leugnen, dass das Bedürfnis zu existieren etwas damit zu tun hat. Der moderne Mensch – der westliche, genauer gesagt – bevorzugt zu glauben, dass es in seinen Beziehungen zu den anderen nicht um sein *Sein* geht, sondern nur um sein *Haben*, um seine Interessen (welchen sich unter Umständen ein Sinn für Moral beigesellt – ein Sinn für Moral jedoch, den er wiederum nur unter Wahrung seiner Eigendefinition als autonomes Subjekt akzeptiert). Das Sozialleben erscheint ihm folglich nicht als das lebenswichtige Milieu, von dem seine Existenz selbst abhängt. Die ontologische Tragweite des Lebens in Gesellschaft mag noch so sehr Teil der täglichen Erfahrung sein – doch er bedenkt sie nicht. Eben weil die Vorstellung, die der moderne Mensch sich von sich selbst macht, weniger einem Willen zum Wissen entspricht als vielmehr dem Bedürfnis, sein

Gefühl des Existierens zu stützen, muss er vermeiden, dass diese Vorstellung von Tatsachen erniedrigt wird. Er muss sich vor dem schützen, was er erlebt, durch das, was er glaubt.

6
Wie kann das Leben in der Gesellschaft zugleich natur- und kulturbedingt sein?

Wie wir gesehen haben, geht also das Leben in Gesellschaft der Existenz des Selbst voraus; es ist in diesem Sinne natürlich, es ist wesentlich für uns, es beatmet und durchblutet unseren Geist. Und dennoch kommt uns Gesellschaft künstlich vor, wohl weil wir wissen, dass ihre Aufrechterhaltung einer permanenten und reflektierten Aktivität bedarf – relationaler, politischer, diplomatischer, juridischer, technischer, ökonomischer, künstlerischer, religiöser, kultureller Aktivität usw. Wenn man die Gesellschaft aus dem Blickwinkel menschlicher Arbeit und insbesondere von Technik und Wirtschaft betrachtet, ist man versucht, in ihr eine vorsätzliche und zweckgebundene Erfindung zu sehen. Der Mensch erscheint dann wie ein neuer Prometheus: So wie Gott die Welt erschaffen habe, hätte der Mensch die Gesellschaft und, kraft seiner Werke, sich selbst geschaffen.

Wie sind diese beiden Seiten des Sozialen zusammen zu denken, das Natürliche und das Künstliche? Beides ist schon immer da und beides bedarf eines rastlosen reflektierten Handelns.

Um auf diese Frage zu antworten muss man sich einen Moment mit der Unterscheidung zwischen Natur und Kultur befassen. Die Menschheit erhält sich, indem sie zwei Weisen der Weitergabe miteinander verbindet. Eine biologische Transmission, wie alle anderen Lebewesen, bei der das genetische Erbgut weitergegeben wird. Und eine kulturelle Transmission, die sich im Lernprozess vollzieht, den die Jungen im Kontakt mit den Mitgliedern der vorangehenden Generation und der Kultur, in der diese leben, durchlaufen. Der Begriff der »Kultur« ist hier im allerweitesten Sinn zu verstehen: nicht nur als etwas, das »kultivierten Menschen« eigen ist, sondern als all das, was auf anderem Wege als dem Genetischen weitergegeben wird. Dass der Mensch in Gesellschaft lebt, verdankt er demnach (wie die Affen) zugleich seinen Genen und der Kultur, in der er lebt.

Üblicherweise stellt man sich diese beiden Weisen der Transmission wie zwei Etagen eines Gebäudes vor: Die Natur bildet das Erdgeschoss, den Sockel, den alle menschlichen Gesellschaften teilen; die Kultur formt den im Nachhinein aufgesetzten ersten Stock, und dessen konkrete Gestaltung variiert je nach Gesellschaft. Ein praktisches Bild, das sich in einem wesentlichen Punkt jedoch als trügerisch erweist. Es spiegelt gut den Gedanken wider, dass der kulturelle Anteil des Menschen ohne biologische Basis nicht zum Tragen käme – was richtig ist. Aber es lässt uns auch glauben, die menschliche Natur existiere unabhängig von der Kultur – was falsch ist. Diese falsche Gewissheit wird von Bildern wie jenem des »Firnis der Zivilisation« genährt, der, wenn er abblättere, die darunter liegende animalische Natur durchscheinen lasse sowie vom Konzept der Erziehung: Was nach der Auffassung von Erziehung als sozialer Zwang betrachtet wird, der zu Recht eine Natur, die man als asozial annimmt, in gute Bahnen lenken soll, oder ganz im Gegenteil als sozialer Zwang, der zu Unrecht eine Natur unterdrückt, die man als Quelle des wahren Ichs betrachtet. Diese überkommenen Ideen erweisen sich als so tief eingeprägt, dass es erheblicher Erkenntnisanstrengung bedarf, um sich davon freizumachen und darüber nachdenken zu können, was wir sind.

Wie uns die Evolutionsbiologie und die Vorgeschichte der Menschheit lehren, existiert die »menschliche Natur« in Wirklichkeit nicht unabhängig von der Kultur. Das führt zu einer paradoxen Situation, die schwer zu erfassen ist: Zu sagen, es gebe eine menschliche Natur, ist ungenau; doch zu sagen, es gebe sie nicht, ist ebenso ungenau.

Nehmen wir die Sprache als Beispiel. Alle menschlichen Gesellschaften kennen Sprache, und zwar eine, die Töne zu Wörtern kombiniert und Wörter zu Sätzen. Sprache ist also Teil der »menschlichen Natur«. In den Augen der Linguisten sind Englisch, Wolof, Russisch, Chinesisch, Tamilisch usw. in dem Sinn *natürliche Sprachen*, dass sie anders als die Schrift nicht die Frucht einer Erfindung sind. Das ändert jedoch nichts daran, dass ihre Weitergabe kulturell bedingt ist und dass sie demzufolge erlernt werden müssen. Das Gehirn unserer Vorfahren hat sich in einem bereits kulturell geprägten Milieu entwickelt, das auch Formen von Sprache enthielt, und so führte diese Evolution nach und nach zum *Homo sapiens* – dank der symbiotischen Beziehungen, die die biologische und die kulturelle Transmission miteinander eingingen. Und auch das Gehirn jedes einzelnen Kindes bildet sich nach der Geburt weiter aus, wobei die neuronalen Verbindungen sich in Abhängigkeit von der Sprache etablieren, in der es badet. Die Kultur hat also im Laufe der Evolution ebenso wie in der frühen Kindheit direkten Anteil an der Entwicklung des Gehirns. Die Aussage, der Mensch sei von Natur aus ein sprechendes Wesen, und werde nur mittels einer gegebenen Kultur dazu, ist folglich kein Widerspruch. Das Erlernen von Sprache ist keine Zutat zu einer bereits vorhandenen Natur, es unterwirft diese keinen ihr fremden Zwängen, es ist vielmehr der Weg, auf dem das Kind seine menschliche Natur erst verwirklichen kann. Ebenso ist die Sozialisation des Kindes zugleich jener Prozess, durch den es seinen Naturzustand erreicht, auch wenn er sich im Rahmen einer gegebenen Kultur vollzieht, der Vorurteile und Gebräuche und Künstlichkeiten mit einschließt.

Das Verhältnis von gegenseitiger Abhängigkeit und Symbiose zwischen genetischer und kultureller Transmission steht am Ursprung eines besonders problematischen Aspekts der *conditio humana*. Den Zugang zu sich selbst erhält der Mensch wie gesagt nur mittels Interaktionsweisen, Vorstellungen und Praktiken, die sich von selbst organisiert haben und durch kulturelle Weitergabe reproduziert werden. Da diese die gemeinsame Welt bilden, die er mit den anderen Mitgliedern der Gesellschaft teilt, betrachtet er sie als »natürlich« und im Einklang mit der Ordnung der Dinge. In Wirklichkeit aber sind sie nur in dem Maße »natürlich«, in dem alle sie als natürlich betrachten und daran glauben. Entsprechend kann eine Vorstellung von Welt, und sei es eine fiktive, an die aber alle glauben, die gemeinsame Welt strukturieren und folgend zu einer Wirklichkeit werden. (Das gilt sowohl für religiöse und politische Glaubensgebäude als auch für ökonomische.) Es ist also immer möglich, dass eine Evolution des kulturellen Milieus in Verbindung mit einem Abrutschen des sozialen Beziehungssystems zwischen den Individuen zur Folge hat, dass diese Individuen sich »denaturieren«, ohne sich dessen bewusst zu sein und sich Verhaltensweisen hingeben, die sich auf längere Sicht als zerstörerisch erweisen.

Zu erklären, es gebe keine menschliche Natur, was es dem Menschen eben erlaube, sein eigener Schöpfer zu sein, löst das Problem in keiner Weise. Zunächst, weil jeder von uns nicht umhinkann, mit dem umzugehen, was ist. Dann, weil das, was ist, zu einem guten Teil von den Interaktionsweisen abhängt, im Rahmen derer sich der Einzelne ausgebildet hat und für die er nichts kann. Schließlich, weil sich die wesentlichen Fragen immer noch stellen: Wie nähre ich mein Gefühl, zu existieren? Welche Seinsweisen soll ich mir zu eigen machen (oder gerade nicht)? Wie mit den anderen leben? Ist die Tatsache, dass Lebensweisen oder Formen des sozialen Funktionierens weithin geteilt werden, ein vertrauenswürdiger Grund, sie sich anzueignen und so aufrechtzuhalten? Wenn nicht: Auf welchen Grundlagen sind die Schwierigkeiten des Zusammenlebens dann regel- oder gestaltbar?

Die Abwesenheit einer natürlichen Ordnung, deren Stimme sich jenseits sozialer Autoritäten und üblicher Praktiken Gehör verschaffen und sich durchsetzen könnte, erklärt die immer wiederkehrende Verwirrung, die die menschlichen Gesellschaften auszeichnet – eine Verwirrung, die sich ausdrückt in einem Oszillieren zwischen Dogmatismus und Zynismus, Fanatismus und Skeptizismus, Rückbesinnung auf die Werte der Gruppe und Suche nach möglicherweise für alle gültigen Werten, zwischen für friedliche Koexistenz notwendigen Kompromissen und gnadenlos geführten Konfrontationen. Daher auch die pathetischen Beschwörungen einer so ungreifbaren wie dennoch notwendigen Instanz, die dem Menschen in Bezug auf seine Natur Halt geben würde (auf seine wahrhafte Natur und mithin auf eine im Absoluten gründende Ordnung der Koexistenz), dargebracht in einer für ihn verständlichen Sprache, und folglich in der Sprache seiner Kultur. Einer Gottheit oder der Natur höchstpersönlich, dank derer eine für alle gültige Ordnung jene der Gesellschaft verbürgen würde, und die somit ein absolutes Drittes darstellen würde, einen unanfechtbaren Kompass, eine oberste Berufungs- und Schiedsinstanz. Ein solches qua Definition über-gesellschaftliches und über-kulturelles Drittes kann aber leider nur *innerhalb* einer Gesellschaft und einer Kultur wirksam sein. Da es sich seiner Universalität nur bei denen erfreut, die daran glauben, bildet es vielmehr eine weitere Quelle der Konfrontation mit jenen, die dessen Legitimität bestreiten.

Ich habe bereits in Erinnerung gerufen, wie sehr die abendländische Kultur von Platonismus und Christentum geprägt worden ist. Sie hat, wie sich äquivalent sagen lässt, auf eine transzendente Instanz gesetzt, um der Verwirrung, die der *conditio humana* innewohnt abzuhelfen. In der Folge hat sich diese Instanz über die Idee von *Natur* graduell säkularisiert. So wurde die

Wertung einer Vollkommenheit dem Bereich des Göttlichen, der Natur oder des Geistigen zugeordnet, das Sozialleben jedoch – und mithin die *Conditio humana* schlechthin – konnte als offensichtliche Geisel der Unvollkommenheit keinen Anspruch darauf erheben, als eigentlicher Seinsort des Menschen zu gelten. Das Leben in Gesellschaft konnte unter diesen Voraussetzungen kaum als naturgegeben und als Zweck an sich gedacht werden. Was jedoch gedacht werden konnte und sollte, war die Gesellschaft als Organisation, als funktionale Zweckgemeinschaft. Selbst die Sprache verlor bei Philosophen der Frühaufklärung ihren natürlichen Charakter: Von Locke und Hobbes wurde sie als menschliche Erfindung betrachtet; für die wahre Natur des Menschen wurde Sprache als Äußerlichkeit deklariert – was etwa Descartes und Leibniz den Glauben an die Möglichkeit der Erfindung einer universellen Sprache erlaubte, die für die Philosophie dem entspräche, was die Mathematik für die Physik ist.

Als Objekt der Erkenntnis oder des Einwirkens erscheint die Gesellschaft jenen, die sie zu erkennen oder auf sie einzuwirken suchen, als ein außenliegendes Objekt, als ein unabhängig vom Subjekt existierendes Objekt. Was impliziert, dass dieses denkende oder handelnde Subjekt seinerseits ebenfalls unabhängig von ihr existiert. Diese Illusion der Exteriorität bildet eine Verkennung aus, die die Kehrseite von Erkenntnis ist: der Preis, den wir unwissentlich bezahlen, wenn wir uns dazu bekennen, erkennen zu wollen. Dieser Verkennung können wir umso schwerer entkommen als sich die großen modernen Gesellschaften mit ihrer ausgesprochen komplexen Organisation uns nicht im beschränkten Raum darbieten, der unsere Körper umgibt: Den Zugang dazu erhalten wir nur über Vorstellungen, die uns beispielsweise Zeitungen liefern oder das Arbeitsumfeld, in dem wir unseren Platz haben. Sobald ich mir die Gesellschaft *vorstelle*, erscheint sie mir notgedrungen mehr oder weniger gut organisiert, mehr oder weniger gut in der Lage, diese oder jene Funktion zu erfüllen. Anders gesagt erscheint sie mir in einem utilitaristischen Licht.

Nichtsdestoweniger bewege ich mich dabei weiter in ihr wie in meinem natürlichen Milieu: in der Gesellschaft, die ich kenne und erlebe. Meine reale Existenz hängt von der Tatsache ab, dass ich einen Platz in Bezug zu anderen habe, zu Eltern, Freunden, Kollegen, und anderen Menschen, die einfach da sind, in meiner Umgebung, Nachbarn, Passanten, Händler im Viertel. Bei allem, was ein entwickeltes Land heute von hominiden Gruppen von Jägern und Sammlern trennt, leben wir wie Letztere noch immer in (harmonischen oder schwierigen, herzlichen, distanzierten oder hasserfüllten) Beziehungen mit Menschen, die denselben physischen und sozialen Raum mit uns teilen. Anders als oft behauptet wird, sind Face-to-face-Gesellschaften, also solche, die hinreichend klein sind, sodass deren Mitglieder in direkter Beziehung zueinander stehen können, keineswegs verschwunden: Das Leben eines Kindes in Familie oder Schule, das Leben von Angestellten in Unternehmen bewahrt charakteristische Züge des Soziallebens von Dorfbewohnern oder von Affen. Das Sozialleben bildet noch immer den natürlichen Seinsort des Menschen, den Ort, an dem es für ihn darum geht, zu existieren. Daran teilzunehmen ist für uns also, ob wir es wollen oder nicht, ein Selbstzweck.

Dabei ist es wichtig, diese beobachtbare und beschreibbare existenzielle Rolle des Soziallebens nicht zu verwechseln mit dem Verlangen nach einer Gesellschaft, die diese Rolle ideal ausfüllen würde. Die Soziologie des neunzehnten und eines Teils des zwanzigsten Jahrhunderts war zutiefst geprägt vom berühmten Gegensatz zwischen »Society« (der modernen, atomisierten, vertragsbasierten individualistischen *Gesellschaft*) und »Community« (der traditionellen, solidarischen, auf persönlichen Bindungen beruhenden *Gemeinschaft*). Diese Vorstellung von »Gemeinschaft« samt der damit einhergehenden Idee einer Totalität ist ein Musterbeispiel für die Verwechslung von Realität und Ideal, von Kenntnis der Vergangenheit und Nostalgie. Sie bezeugt den Traum von Vollkommenheit, dem abzuschwören das abendländische Denken allergrößte Mühe hat. Die Idee der *Gemeinschaft* ist kein Heilmittel, sondern ein Symptom für eine tiefe Unzufriedenheit, bildet das reale Sozialleben doch kein einheitliches Ganzes: Es ist das mehr oder weniger disparate Milieu, in dem wir schwimmen, von der Familie in die Schule, von Verwandten zu Verbündeten, von einer Altersgruppe in eine andere, wobei wir zwischen verschiedenen Gruppen kreisen (Freundschaften, Beruf, Sport usw.), und all das innerhalb eines (für die meisten städtischen) Raumes, der Orte miteinander verbindet.

Das Verlangen zu existieren, das jeden von uns antreibt – ein in sich grenzenloses Verlangen (worauf noch näher einzugehen sein wird) –, verführt uns zum Gefühl, aus uns selbst heraus zu existieren, und uns in Folge dessen zumindest in der Vorstellung von unserer Abhängigkeit, unserer Lebensschuld zu befreien. Indem wir diese verdrängen, schmeicheln wir der Vorstellung, die wir uns so gerne von uns selbst machen. Um diese Abhängigkeit (an-)zuerkennen, bedarf es jedoch des Verzichts auf ein solches Selbstbild. Dieser Verzicht ist zwar heilsam, doch nichtsdestoweniger schmerzhaft. Es ist ein schweres Unterfangen, die beiden Seiten unserer sozialen Existenz zusammen zu denken: die Gesellschaft als Objekt der Forschung oder des politischen Handelns, gleichzeitig aber das Leben in ihr als Quelle unseres Seins. Die Schwierigkeit ist nicht intellektueller, sondern existentieller Natur, denn sie läuft unseren narzisstischen Bedürfnissen zuwider.

Im vorangegangenen Kapitel habe ich aufgezeigt, wie die Emergenz menschlicher Persönlichkeit sich nur über ein Sozialleben, dessen natürliche Formen dem Auftauchen der Gattung Mensch vorausgingen, vollziehen konnte und wie noch immer jeder Einzelne von uns nur zu einer psychischen Existenz gelangt, wenn diese ihm von (ihrerseits ebenso sozialisierten) Eltern übermittelt wird. Dann habe ich den Fokus auf die sich daraus ergebende zirkuläre Wechselwirkung gelenkt: Das menschliche Handeln trägt zum Erhalt des Lebens in Gesellschaft bei, das seinerseits der materiellen und psychischen Existenz eines jeden Einzelnen von uns zugrunde liegt. Diese Kreisbewegung ist weitaus umfassender als jene, auf die wir uns beschränken, wenn wir sogenannte »ökonomische«

Phänomene betrachten. Die Wirtschaftswissenschaften untersuchen nicht die Gesamtheit der in einer Gesellschaft zirkulierenden Güter: Sie interessieren sich einzig für messbare Güter; indem sie diese durch Bezifferung vergleichbar machen, definieren sie deren Wert rein quantitativ. Sobald ein Wert, der einem Gut zugemessen wird, nicht quantifizierbar ist, fällt der nicht in den Bereich dessen, was wir »die Wirtschaft« nennen. Derart eingeschränkt kann Wirtschaft nur mit Vorgängen zu tun haben, die mit Begriffen von Haben evaluierbar sind, nicht mit solchen vom Sein. Einen quantitativen Vergleich zwischen zwei Dingen aufzustellen heißt, diese von der eigenen Persönlichkeit abzutrennen. Angenommen ich besitze ein Möbelstück, an dem ich aus ästhetischen Gründen hänge oder weil es ein Geschenk eines mir wichtigen Menschen ist: Wenn ich sage »dieses Möbelstück ist 85 Zentimeter breit« oder »dieses Möbelstück ist 150 € wert«, dann betrachte ich es dadurch nicht mehr als etwas, woran ich hänge (und das somit an meinem Sein teilhat), sondern verschiebe es auf ein Feld objektiver Vergleichbarkeit mit anderen Möbeln. Es gerät also auf ein anonymisiertes Wertefeld, das weder mit meiner Persönlichkeit zu tun hat noch mit der, die mir das Möbelstück geschenkt hat. Wer die Techniken des Zählens, des Berechnens, und der sich daraus ergebenden mathematisierten Formen des Erkennens auf soziale Aktivitäten anwendet, wird notwendigerweise dazu verführt, sich seine eigene Persönlichkeit als etwas vorzustellen, das unabhängig von den diesen Techniken unterzogenen Gütern und Dienstleistungen existiert.

In den arabischen, indischen oder chinesischen Handelskapitalismen der vergangenen Jahrhunderte blieb diese Dimension der Distanzierung von der Tatsache beschränkt, dass die Individuen sich nicht außerhalb ihrer sozialen Existenz vorstellen konnten. In der westlichen Welt jedoch führte der Glaube an die Prä-Existenz des Individuums dazu, alle ihm widersprechenden Aspekte des Soziallebens unbeleuchtet zu lassen und stattdessen die Bedeutung jener sozialen Aktivitäten hervorzuheben, mittels derer die Individuen eine objektivierte und distanzierte Beziehung eingehen konnten. Diese Aktivitäten wurden dann als »rational« qualifiziert. Dieser Terminus eignet sich gut, um Mittel-Zweck-Berechnungen und Kosten-Nutzen-Analysen vorzunehmen.

Über die Zwecke selbst kann die technisch-ökonomische Rationalität jedoch nur wenig aussagen. In Folge werden diese entweder in einen Halbschatten abgeschoben, wo sie mit »Werten« gefüllt werden sollen oder auch mit individuell-privatistischen Wertungen. Oder es wird so getan, als seien die Zwecke ebenso »rational« wie die Mittel. In letzterem Fall spricht der *Homo oeconomicus* davon in Begriffen wie »Nutzwert« oder »Wohlfahrt«; dieses Vokabular entspricht ihm, denn es erlaubt ihm zu glauben, die Zwecke entsprängen demselben Register wie die Mittel. Er ist überzeugt, dass sie ebenso objektivierbar und quantifizierbar sind wie sie, oder dass zumindest das Verfolgen dieser Zwecke vernünftig ist und seinen Ursprung in Bedürfnissen hat und nicht in einem affektiven oder mimetischen Verlangen.

Der Rückgriff auf diese rationalistische Sprache bringt zwangsläufig eine Art Aufspaltung mit sich: Ein Wirtschaftstreibender, der seinen Profit zu maximieren sucht, nimmt sich selbst als jemanden wahr, der seine Entscheidungen aus objektiven Gründen trifft, während ein außenstehender Beobachter ihn als jemanden wahrnehmen könnte, der von seinem Verlangen zu existieren getrieben ist, der in einer affektiven Rivalität gefangen oder auch von einer unstillbaren Gier befallen ist. Je mehr man zu denken neigt, wirtschaftliche Aktivitäten seien streng rational, desto mehr verschließt man die Augen vor dem, was sie an Irrationalem beinhalten. Hier gilt es, den Sinn des Wortes »irrational« zu präzisieren: Ein irrationales Verhalten ist kein Verhalten, das in sich der Vernunft entbehren würde (es kann, wie jedes andere Verhalten auch, rational erklärt werden); es ist ein Verhalten, das die handelnde Person vor sich selbst mit objektiven Gründen rechtfertigt, während sie doch in Wirklichkeit Gründen folgt, die ihr eigenes Sein betreffen. Die handelnde Person berechnet ihre Handlungen entsprechend der Antizipation eines Gewinns (eines »mehr Habens«) und verkennt dabei, wie sehr sie über dieses »mehr Haben« eigentlich darauf abzielt, in den Genuss eines »mehr Seins« zu kommen. Die menschlichen Gesellschaften gehorchen einer *doppelten* Logik. Die eine, explizite, ist utilitaristisch und funktional; dank der anderen, impliziten und kaum bedachten, verschaffen sich ihre Mitglieder ihre eigene Existenz.

7
Die endlose Aufgabe der menschlichen Kulturen: Dafür sorgen, dass da etwas ist und nicht vielmehr nichts

Warum müssen wir unser Gefühl zu existieren (unsere psychische Existenz) selbst herstellen und unterhalten? Weil uns diese Existenz von keiner prä-sozialen oder supra-sozialen Instanz verliehen und garantiert wird. Woher aber kommt dieser Mangel, an dem Tiere ganz offensichtlich nicht leiden? Von der außerordentlichen Entwicklung des Bewusstseins seiner selbst, die mit der Entwicklung von Sozialleben, Sprache und Kultur verbunden ist. Das Bewusstsein seiner selbst hat bei Weitem nicht nur Vorteile. Es hat dem Menschen eine den Tieren unbekannte Dimension eröffnet – das Nichts, die Leere, das nicht Vorhandene –, eine Dimension, die ihn vor die unbedingte Notwendigkeit stellt, etwas zu finden, das dem Abhilfe schafft oder das zumindest den Mangel mildert (nicht ohne Grund ist der Mensch das einzige toxikomane Wesen).

Es ist leicht zu begreifen, wie das Bewusstsein seiner selbst dem Menschen die Perspektive seines eigenen Todes enthüllt hat. Viel schwerer zu begreifen ist, wie es ihn selbst jenseits dieser Perspektive einem Gefühl der Leere aussetzt. Bewusstsein impliziert das Gefühl einer Permanenz des Selbst im Ablauf der Zeit. Doch wenn darin nichts abläuft, wenn diese Zeit leer ist, dann sind wir es auch. Bedauerlicherweise verfügen wir noch immer nicht über eine hinreichend klare Erklärung, um dieses Phänomen zu beleuchten. Dabei ist es in seiner Auswirkung permanent zu beobachten, der Alltag führt es uns stetig vor. Die Langeweile zum Beispiel, das »nicht wissen, was mit sich anzufangen«. Die banale Angst vor dem Nichts: »In diesem Viertel würde ich nicht wohnen wollen, da ist nichts los.« Die dunklen Gedanken der Schlaflosigkeit oder Depression: Ich bin nichts wert, ich zähle nicht für die anderen, ich existiere nicht. Und natürlich das Verlangen, das ein Verlangen nach Abhilfe für die Leere ist und das sich folglich anders als materieller Bedarf nicht auf ein spezifisches Objekt richtet, das es stillen könnte.

Es wäre falsch zu glauben, dass das Gefühl von Leere und von *Un-Sein* für empfindsame Seelen reserviert ist, die in bequemem Müßiggang leben, so als stelle materielle Armut ein Heilmittel für seelisches Elend dar. Richtig ist, dass materieller Wohlstand keinerlei Schutz vor seelischer Not bietet. Ebenso wahr ist jedoch, dass materielles Elend mit seelischem Elend einhergeht. Alkoholismus, Drogensucht, Delinquenz und andere Formen der Desozialisation zeugen davon. Das ist Sozialarbeitern bestens bekannt. Alltäglich müssen sie feststellen, dass die Menschen, mit denen sie zu tun haben, von ihnen nicht nur materielle Hilfe erwarten, sondern auch verlangen, dass sie ihnen helfen, zu existieren.

Zwar antworten die menschlichen Gesellschaften und ihre Kulturen auf praktische Notwendigkeiten (essen, sich vor Kälte, Regen und anderen Formen von

Unsicherheit schützen), gleichzeitig aber – und das ist kein Luxus, sondern eine äquivalente Notwendigkeit – sorgen sie dafür, dass da etwas ist anstatt nichts und schenken so ihren Mitgliedern die Existenz. Ökonomische Aktivitäten tragen das ihre dazu bei, sind sie doch im weitesten Sinn Teil der Kultur und des sozialen Lebens.

Um diese zentrale Funktion zu begreifen, muss man das alte Klischee vom prähistorischen Individuum im Angesicht einer feindlichen Welt beiseiteschieben – ein Klischee, das auf dem Vorurteil beruht, der Bezug zu den Dingen gehe dem Bezug zu den anderen voraus – und die Tatsache betrachten, dass jeder Mensch in Gestalt eines Säuglings zur Welt kommt, das heißt eines Wesens, dessen gesamte, körperliche wie psychische Existenz von dem oder den Erwachsenen abhängt, die sich um ihn kümmern. Sein Wesen und Sein findet seinen ersten Anker nicht in den Dingen, nicht in dem, was man die Wirklichkeit nennt (der er sich erst allmählich und durchaus widerstrebend stellen wird), sondern im erwachsenen Menschen, an dem er hängt, an den er über täglichen persönlichen Körperkontakt gebunden ist und der folglich seine Quelle, sein Zuhause, seine Bleibe bildet. Davon ausgehend wird begreifbar, dass das Kind in seiner kulturellen und relationellen Umgebung etwas finden muss, das als Ersatz für das dienen kann, auf das es verzichten muss, um sich allmählich aus der Sicherheit des (mütterlichen) Schutzraumes entfernen zu können, in der sein Gefühl zu existieren wurzelt, um sich zu entwickeln und zu sozialisieren. Die Institutionen, die Repräsentationen, die Praktiken, die Beziehungen zu den anderen, die Artefakte (einschließlich der Waren) machen die Welt bewohnbar und erfüllen ihre Rolle als Stütze der Existenz des Selbst. Wir werden noch sehen, dass das Bedürfnis, all dem Objektstatus zu verleihen, in sich grenzenlos ist.

Der Glaube, dem gemäß das Individuum der Gesellschaft vorausgeht, hat die Trennung von Haben und Sein zur Folge und macht so ihre Verknüpfung undenkbar. Das von der Güterzirkulation produzierte Plus oder Minus wird per Haben bilanziert; das Sein wird außerhalb der Ökonomie verstanden, es soll einen stabilen Kern darstellen, der innerhalb der Persönlichkeit ruht. In dem Maß, in dem diese Persönlichkeit ein solches Selbstbild teilt, sieht sie sich selbst als frei vom Seinsverlangen und vom Hin und Her zwischen Mehr-Sein und Weniger-Sein. Sie identifiziert sich mit dem rationalen Subjekt namens *Homo oeconomicus*, was den Vorteil bietet, zumindest in Gedanken dem Mangelgefühl in Bezug auf das Sein abzuhelfen. Dennoch ist sie dem wie jeder Mensch ausgesetzt.

Die Verknüpfung von Haben und Sein ist zweifellos besser in den Gesellschaften denkbar, die die ökonomische Sphäre enger als wir an die anderen sozialen Aktivitäten binden. Doch aus eben dem Grund beurteilen wir diese als weniger rational; ihr Denken bleibt uns schwer zugänglich, eben weil das westliche moderne Denken so anders ist. Gut abzulesen ist das etwa am berühmten Essay *Die Gabe* von Marcel Mauss, sowohl an den Schwierigkeiten, die der Autor zu überwinden hatte, als auch an einem Hindernis, das er nicht überwinden konnte.

Mauss zeigt sehr gut, wie sich in präkapitalistischen Gesellschaften die Zirkulation der materiellen Güter in Abhängigkeit von den Bindungen zwischen den Personen vollzieht, die diese Güter tauschen. Diese Gesellschaften leben, wie es der Anthropologe Stéphane Breton nennt, in einer »Personenwirtschaft«: Die Dinge erhalten ihren Wert nicht nur in Bezug auf andere Dinge, sondern spielen gleichfalls eine Rolle in einer weiter gefassten »Ökonomie«, in der die Transaktionen die Bindungen zwischen den Personen festigen oder modifizieren, wobei es um die Stärkung von Allianzen geht, um Prestige und um das Maß an sozialer Existenz, in deren Genuss dieses Individuum oder jene Gruppe in Bezug auf je andere kommen. Da der Tausch diese intersubjektive Dimension beinhaltet und folglich nicht (oder nicht nur) darauf abzielt, sich ein materielles Gut zu verschaffen, stellt er sich notwendigerweise als Gabe dar, auch wenn der Empfänger dazu angehalten ist, einen äquivalenten Gegenwert zurückzugeben. Wenn man jemandem etwas gibt, ist es also, als würde man ihm sagen: »Schau, das bist du für mich; jetzt gib du zu erkennen, wer ich für dich bin.« Ein Handel hingegen hat diese intersubjektive Tragweite nicht, weil er sich im Gegenteil dadurch definiert, dass Käufer und Verkäufer nach Abschluss des Geschäftes quitt sind: Die Transaktion verändert, was sie haben, aber nicht, was sie sind.

Diese Gaben folgen dem Prinzip der Wechselseitigkeit (der andere hat das Band durch eine Gegengabe zu bestätigen), die aber zeitversetzt ist (zwischen Gabe und Gegengabe muss Zeit verstreichen). Das Äquivalent dessen, was man erhalten hat, sogleich zurückzugeben hieße, sich der Verpflichtung zu entledigen und das durch die Gabe geknüpfte Band zu lösen. Zu lang mit der Gegengabe zu warten, beschädigt jedoch gleichfalls das Band: Es wirkt, als vernachlässige man die Verpflichtung, vergesse wohl die Verbindung und ließe zu, dass sie sich auflöst. Zumindest im Ansatz bleibt diese »Personenwirtschaft« für uns nachvollziehbar (wenn auch nicht immer zur Gänze bewusst), denn wir nehmen noch immer an ihr Teil, und sei es nur etwa in der Praxis der Essenseinladungen. Diesbezüglich wissen wir sehr wohl, dass die dargebotene und empfangene Nahrung ihren Wert nicht als Handelsware erhält, sondern dass sie ein Element darstellt, das in Verbindung mit anderen zur Pflege unserer guten Beziehungen beiträgt (gemäß den Gebräuchen, die wir mit unseren Freunden aufgrund einer gemeinsamen sozialen Prägung teilen).

Solcherart gegebene und erwiderte Dinge sind, wie Mauss betont, nicht nur *Dinge*, weil sie es den beteiligten Personen erlauben, im Geist der anderen Personen zu existieren. »Alles kommt und geht«, schreibt Mauss, »als gäbe es einen permanenten Austausch von Dingen und Menschen einschließender spiritueller Materie zwischen den Clans und den Individuen, aufgeteilt nach Rang und Geschlecht und Generation.« Der Ausdruck *spirituelle Materie* ist bemerkenswert. Um zu sagen, worum es geht, muss Mauss die okzidentale Trennung zwischen Materie und Geist umgehen, und zugleich aus der Opposition Selbstlosigkeit versus Eigennutz ausbrechen (der Austausch von Gaben, den er beschreibt, bezeugt eine Öffnung, ja eine Großzügigkeit gegenüber den anderen, was den Geber aber nicht daran hindert, gleichzeitig eine Gegengabe zu erwarten). Gaben und Gegengaben verleihen durch ihre Zirkulation den Dingen eine Seele und den Seelen eine Realität, und damit den Personen eine Existenz. Die Zirkulation dieser spirituellen Materie baut eine Brücke zwischen Haben und Sein; sie liefert so einen Beitrag zur endlosen Aufgabe, der sich menschliche Kulturen widmen: dafür zu sorgen, dass da etwas ist, und nicht vielmehr nichts.

Betrachten wir nun das Hindernis, auf das Mauss stößt, ohne es überwinden zu können. Dieses Hindernis wird Mauss fast unmerklich vom Willen zum Wissen in den Wunsch nach dem Guten abgleiten lassen, von der Beschreibung zur Vorschreibung. Mauss stellt die Prä-Händler-Gesellschaften den unseren gegenüber. Diese Gegenüberstellung bezeugt die Sorge, die das westliche Denken seit zwei Jahrhunderten umtreibt: die Angst vor der Atomisierung der Gesellschaft unter dem Druck des Individualismus, und die Suche nach Abhilfe. Das Wort »Individualismus« umfasst drei Bedeutungen, die tendenziell mehr oder weniger wild vermischt werden, und die es eben deshalb klar zu unterscheiden gilt:

1 den Egoismus mit seiner Gleichgültigkeit gegenüber dem Gemeinwohl;
2 die persönliche Autonomie, wie sie von Institutionen, sozialen Praktiken und Lebensweisen begünstigt wird;
3 eine Konzeption des menschlichen Wesens, gemäß der man durch sich selbst aus sich selbst heraus existiert (und die Gesellschaft also als außerhalb des Selbst stehend betrachtet wird).

Mauss springt der Kontrast zwischen dem Egoismus kapitalistischer Prägung und der Solidarität der traditionellen Gesellschaften ins Auge. Noch heute ist er ein Gemeinplatz. Ohne direkt falsch zu sein, beinhaltet er aber doch ein gravierendes Manko: Er lenkt den Fokus auf die erste Bedeutung des Wortes »Individualismus«, die »moralisierende«, und stellt dabei die »ontologische« dritte Bedeutung in den Schatten. Das inspirierend Instruktive an der Mauss'schen Studie über die Gabe ist jedoch nicht, dass sie uns die traditionellen Gesellschaften als weniger egoistisch als unsere darstellt (was übrigens eine zweifelhafte These ist), sondern dass sie unsere Konzeption des Menschen hinterfragt. Mauss sieht in den in modernen Gesellschaften, vom Staat installierten Formen von Solidarität, das Äquivalent der früheren »Personenwirtschaft«. Das sind sie jedoch mitnichten; nicht die Solidarität ist das Wesen der »Personenwirtschaft« mit ihren Praktiken von Gabe und Gegengabe. Die Wirkungsmacht dieser Praktiken ist zuerst, bevor man sie moralisch wertet, in Begriffen wie »Anerkennung« oder »persönliche Bindung« oder »soziale Produktion der psychischen Existenz« zu denken – insbesondere wenn diese Gaben, wie im von Mauss beschriebenen *Potlatch*, Teil eines Kampfes um Anerkennung sind, eines Kampfes mit dem Ziel, das Prestige und den Status dessen zu festigen, der sich als fähig erweist, mehr Güter zu geben oder zu zerstören als seine Konkurrenten! Es ist wesentlich, dass die Beziehungen, die durch Gabe und Gegengabe vermittelt werden, *offen* zwischen den Personen die Notwendigkeit erfüllen, die psychische und soziale Existenz dieser Personen zu nähren und zu unterstützen. Und sie *offen* zu erfüllen, bedeutet anzuerkennen, dass die Existenz des Selbst nicht von selbst kommt. Im Gegensatz dazu lässt auf Handel basierender Austausch diese Notwendigkeit außer Acht: Kauf und Verkauf erzeugen per Definitionem keine Wirkung auf die Person des Käufers oder Verkäufers, sie schaffen zwischen ihnen keine persönliche Verbindung; sie verändern nur Anzahl und Beschaffenheit der Güter, die sie besitzen.

Indem er sich am Ende seines Essays über *Die Gabe* mit der Opposition zwischen Solidarität und Egoismus zufriedengab, ließ Mauss die fruchtbarste Implikation seiner Arbeit unbeachtet. Trotz seiner bemerkenswerten Fortschritte hatte er sich nicht wirklich von der modernen »Evidenz« freimachen können (vom Glauben), das Individuum existiere aus sich selbst heraus. Er sah sehr wohl, dass die Mitglieder früherer Gesellschaften nicht dieselbe Vorstellung ihrer selbst hatten wie wir, doch bot das für ihn den in der Sozialanthropologie klassisch gewordenen Anlass, die Auffassungen von *Persönlichkeit* zu untersuchen, die sich je nach Kultur unterscheiden. Die Grundlagen der Vorstellung, die wir uns von uns selbst machen, stellte das allerdings nicht infrage. Diese Infragestellung aber ist absolut notwendig, um die von Mauss beschriebenen Güterzirkulationen zu verstehen.

Wir müssen uns selbst betrachten und einen Moment bei einer Tatsache verweilen, die wir alle kennen, da sie doch einen Kern der *Conditio humana* ausmacht, und dann lernen, sie zu denken: Das bloße Bewusstsein unserer selbst sichert uns in keiner Weise das Gefühl, zu existieren. Wenn ich mir nichts anderem bewusst bin als davon, ein Bewusstsein zu haben, dann verspüre ich Leere in mir, nichts anderes als grenzenlose Leere. Verlangen – und auch das entspricht der gemeinsamen Erfahrung – ist nicht nur das Verlangen nach diesem oder jenem nützlichen oder angenehmen Objekt, sondern das Verlangen zu sein; mittels des Objekts zielen wir auf ein Mehr-Sein ab. Das begehrte oder geliebte Objekt ist nicht nur eine Sache (wie Wasser, das den Durst löscht); es ist auch, mit den Worten von Mauss, eine spirituelle Materie, ein materialisierter Teil unserer selbst, der uns gleichzeitig mit anderen verbindet und uns erlaubt, in ihrem Geist zu existieren.

Aus der Leere des Seins, die das eigentliche Elend des auf sich selbst zurückgeworfenen Individuums ausmacht, ergeben sich Größe und Preis der menschlichen Gesellschaften abhängig davon, wie es ihnen mittels einer umfassenden Zirkulation materieller und immaterieller Güter gelingt, ihren Mitgliedern ein Gefühl des Existierens zu verschaffen. Die ökonomischen Aktivitäten (nach unserer heutigen Vorstellung) sind ein Teil davon. Die Wirtschaft zielt folglich nicht nur auf den Nutzwert ab (wie von der orthodoxen Ökonomie behauptet), sondern im weiteren Sinn auch auf das Bedürfnis, zu sein (was heterodoxe Ökonomen bereits betont haben). Wie die anderen sozialen Aktivitäten auch widmen sich die wirtschaftlichen Aktivitäten jener Aufgabe, die alle menschlichen Kulturen zu erfüllen haben: dafür zu sorgen, dass da etwas ist, und nicht vielmehr nichts.

In unseren Gesellschaften verbinden sich Güterwirtschaft und Personenwirtschaft nicht auf die gleiche Weise wie in den von Mauss und anderen Anthropologen beschriebenen Gesellschaften. Da die Ökonomie der Dinge (also Wirtschaft im engeren Sinn) allgemein als eigentliche Basis und wesentliche Funktion des Lebens in Gesellschaft betrachtet wird, bleibt die Ökonomie der Personen (also Wirtschaft im umfassenden Sinn) überwiegend unsichtbar, unbekannt, und folglich unterschätzt. Nichtsdestoweniger ist sie aber vorhanden. Sie wartet nur darauf, bedacht zu werden.

Alles in allem ist die Frage des Seins keine metaphysische Frage: Sie stellt sich im Rahmen des Lebens in Gesellschaft. Zu diesem Schluss führen Mauss und viele weitere aktuellere Arbeiten. Die soziale Interdependenz der Individuen ist nicht nur utilitaristisch bestimmt, sie ist ontologisch. Vor jeglichem Utilitarismus oder jeglicher Moral ist sie zuerst ontologisch. Doch um diese so einfachen und so grundlegenden Aspekte der *Conditio humana* besser zu begreifen, gilt es, die Konfusion zu lösen, der das moderne okzidentale Denken unterliegt, indem es glaubt, die Emanzipation des Individuums vollziehe sich durch die Abschaffung der ontologischen Interdependenz, und das autonome Subjekt finde sich im Wesentlichen angesichts der Dinge und nicht in seinen Beziehungen zu den anderen.

Der zunächst gänzlich von seiner Mutter abhängige Säugling muss nach und nach seine eigene Autonomie erlangen. Die Autonomie ist dabei jedoch kein Bruch mit den Formen der gegenseitigen Abhängigkeit. Vielmehr – um es noch einmal zu betonen – erhält das Kind nur getragen von einer Beziehung der Koexistenz Zugang zu sich selbst: Die Koexistenz geht der Existenz des Selbst voraus. Die Autonomie und die Fähigkeit, allein zu sein, stützen sich auf das Erlebnis der Koexistenz, in dem sie gründen. Die Existenz des Selbst ist ganz gewiss ein fundamentales Gut, doch ohne erlebte Situationen des Zusammenseins mit mehreren anderen könnte es nicht entstehen. Letztere stellen also ihrerseits ein fundamentales Gut dar. Erlebte Situationen des Zusammenseins mit mehreren schaffen selbstverständlich Bande der Zuneigung, der Liebe oder der Freundschaft. Doch sie sorgen zugleich auch für Sozialisation: für einen Rahmen, der jedem einen Platz in Bezug zu den anderen zuweist, für eine gemeinsame Zeit, und für kulturelle Produkte (im weitesten Sinn), also für materielle oder immaterielle Güter, die die Einzelnen miteinander verbinden (um Konversation zu führen, braucht man zum Beispiel etwas, worüber man redet). In dieser Hinsicht stellt das Sozialleben seinerseits ein fundamentales Gut dar. Ein Gut, das allen und keinem gehört, ein Allgemeingut, auf Basis dessen jene Güter, die man kaufen oder verkaufen kann, erst Sinn erhalten.

8
Zwischen Wissenschaft und Theologie

Um den Stellenwert ökonomischer Aktivitäten in der Gesellschaft richtig einzuordnen, muss man auch den Stellenwert verstehen, den jene Disziplin besetzt, die diese Aktivitäten studiert und die mittels ihrer Expertisen Orientierungen vorgibt oder legitimiert.

Es gilt dabei, in Erinnerung zu behalten, wie sehr sich wissenschaftliche Forschung auf mehr oder weniger harmonische oder konfliktträchtige Weise in die sie umgebende Kultur einfügt.

In den Monaten nach der Geburt beruht die physische und psychische Existenz des Kindes gänzlich auf seiner Mutter und auf der wechselseitigen Bindung beider. Bald jedoch erweitert das Kind mittels Sozialisierung die Grundlagen seiner psychischen Existenz, indem es sich auf die Netzwerke stützt, die ihm seine Umgebungskultur bereitstellt. Die Diversifizierung der Bindungen, die Eroberung gesellschaftlicher Räume außerhalb des Zuhauses und die Assimilation an die diesen Räumen entsprechenden kulturellen Formen erlauben dem Kind (und dann dem Erwachsenen, zu dem es wird), eine immer größere Welt zu bewohnen. Diese sozialisierte, bewohnte Welt ist somit von menschlichen Beziehungen und deren Signifikationen geprägt. »Möbliert« von der Kultur und vertraut ist sie zur Quelle eines gewissen materiellen und psychischen Wohlbefindens geworden. Der Prozess der »Einrichtung«, dem sich jede Kultur widmet, erstreckt sich dabei zugleich über die materielle und soziale Umgebung wie über die Psyche der Einzelnen, dergestalt dass diese sich in jener wiederfindet. Die soziale Welt ist folglich sowohl innerhalb als auch außerhalb des Individuums.

Zu den unterschiedlichen Elementen des geistigen Mobiliars, das die moderne abendländische Gesellschaft bereitstellt, gehört eine bestimmte Vorstellung des Selbst, ein bestimmtes Bild dessen, was ein Individuum ist. Dieses »Möbelstück« gehört zu unserer geistigen Landschaft, es ist ein Teil unserer selbst geworden, ein Haltepunkt dafür, was wir als unsere Würde und unseren Wert empfinden. Da es schwierig ist, etwas zu entwerten, was uns Wert verleiht, ist es nicht verwunderlich, dass uns dieses »Möbelstück« sehr wertvoll erscheint. Würde es als ein Artefakt unter anderen betrachtet, als ein möglicherweise durch ein anderes ersetzbares Artefakt, verlöre es seinen einzigartigen Wert. Zudem erscheint uns dieses Möbel – diese Vorstellung des Individuums – notwendigerweise als Wirklichkeit, oder genauer als eine selbstverständliche Wahrheit, als eine Vorstellung, die – weit davon entfernt, willkürlich zu sein – zuverlässig die Wirklichkeit spiegelt.

Diese »selbstverständliche Wahrheit« ist nicht das Ergebnis eines Erkenntnisprozesses. Sie ist daher eine Wahrheit anderer Ordnung als jene, die die Wissenschaften bieten. Erkenntnis zu gewinnen, bildet für sich genommen eine Quelle der Zufriedenheit. Leider führt sie oft zu Ergebnissen, die eine andere Quelle der Befriedigung gefährden oder zerstören: jene nämlich, die uns die Vorstellungen gewähren, die als Teil unserer Kultur unser Gefühl zu existieren stützen und uns dabei eine Sicht auf die Welt zur Verfügung stellen, die sie bewohnbarer für uns macht. Die Erkenntnis ist wünschenswert, so viel steht fest, weil sie schon an sich befriedigend ist, und weil sie praktische Wohltaten auf unterschiedlichen Gebieten nach sich zieht: Landwirtschaft, Handwerk, Industrie, Medizin, Recht, Verwaltung und so weiter. Unerwünscht wird die Erkenntnis jedoch, sobald sie die grundlegenden Glaubensgebäude gefährdet (die doch die Gesamtheit der Mitglieder einer Gesellschaft stützen, ihre Weltsicht, ihr Gefühl zu existieren, oder auch die Macht einiger).

Wer den Drang nach Erkenntnis mit der Destabilisierung seiner selbst befriedigt, zahlt einen hohen Preis. Doch auch an stützenden Vorstellungen festzuhalten und dabei zu leugnen, was viele als empirische Wahrheit betrachten, kann destabilisieren. Ideal wäre sicher, wenn die faktischen oder wissenschaftlichen Wahrheiten mit denen, die das Selbst stützen, zusammenfielen. Die westliche Kultur praktiziert seit Langem ein doppeltes Wahrheitsregime, das des Glaubens und das der Vernunft. Seit jeher versucht sie, diese beiden Wahrheitstypen zu versöhnen und zusammenzuführen. Der Glaube an die göttliche Vorsehung hilft uns, die Welt zu bewohnen? Dann ersetzen wir ihn doch durch rationale Vorstellungen wie die Harmonie der Natur, den Fortschritt oder den Sinn von Geschichte: Sie erfüllen denselben Zweck, und sind auch noch glaubwürdiger.

So sind manche Vorstellungen, die das Selbst stützen so weitverbreitet, dass sie nicht mehr als Glaubensgebilde gelten, sondern als Selbstverständlichkeit. Wenn sich also jemand wagt, das zu hinterfragen, worauf könnte er oder sie sich stützen, um eine alternative Vorstellung auszuarbeiten? Auch wissenschaftliche Arbeit vollzieht sich notwendigerweise zunächst im Rahmen dieser unbestrittenen Vorstellungen und verbündet sich auf die eine oder andere Weise mit ihnen, bis es durch eine Vertiefung der Forschung gelingt, das, was als Selbstverständlichkeit gilt, zu hinterfragen.

Und wie verorten sich die Wirtschaftswissenschaften heute im Spannungsfeld zwischen den in der okzidentalen Kultur verwurzelten allgemeinen Vorstellungen und den Erkenntnissen, die diese infrage stellen?

Unter den Human- und Sozialwissenschaften ist die Ökonomie bei Weitem am stärksten mathematisiert. Das führt zuweilen dazu, dass sie sich von ihnen distanziert und einen Status an der Seite der »harten Wissenschaften« einfordert (wie etwa der Ökonom Ludwig von Mises). Tatsächlich ist es verlockend zu glauben, die Humanwissenschaften (Geschichte, Soziologie, Psychologie etc.) seien, da sie sich überwiegend auf qualitative Daten stützen – auf Daten, die folglich in Worten ausgedrückt sind, und nicht in Zahlen –, leicht durch allgemein akzeptierte Vorstellungen zu kontaminieren, während die Ökonomie gegen vorwissenschaftliche Vorstellungen immun sei, weil sie mathematische Verfahren nutzt. Das aber ist, wie man sehen wird, ein naives Konzept. Schon ein flüchtiger Blick auf die Geschichte der Astronomie genügt als Beleg.

Die Astronomie war tatsächlich die erste unter den Naturwissenschaften, die das Medium der Worte gegen das der Zahlen und geometrischen Figuren austauschte. Dennoch blieb sie im Laufe ihrer Entwicklung in Europa noch lange in einen theologischen Rahmen eingebettet. Die Namen Kopernikus, Kepler, Galileo und Newton evozieren für uns die Befreiung der Wissenschaft von religiöser Bevormundung. Es handelt sich dabei um ein historisches Szenario, das von den Philosophen der Aufklärung durchgesetzt wurde (und dann vom Materialismus, Szientismus, Darwinismus etc.). Wendet man es aber auf diese großen Astronomen des sechzehnten und siebzehnten Jahrhunderts an, dann erliegt man einer retrospektiven Illusion. Denn sie waren meilenweit davon entfernt zu denken, die Wahrheiten der Wissenschaften stünden im Widerspruch zu dem Weltbild der Theologie.

Ganz im Gegenteil lässt sich sagen, dass die Beobachtung der Himmelskörper und ihrer Bewegungen der religiösen Überzeugung folgte, dass diese ein direktes Zeugnis vom Denken und Willen des Schöpfers ablegen. Die Theologie war die Wissenschaft Gottes, nicht nur, weil sie Gott zum Gegenstand hatte, sondern auch, weil sie der Menschheit das Wissen Gottes überbrachte. So besehen bildete die Wissenschaft der Himmelskörper einen Teil des göttlichen Wissens. War sie auch kein Teil der Offenbarung, so war sie dennoch dem menschlichen Geist zugänglich, der ja nach dem Bild des Schöpfers gemacht war und dem daher der Zugang zu Seinem Willen nicht gänzlich versperrt war. Weit davon entfernt, ihn zu untergraben, bestätigte daher der Gebrauch der Mathematik vielmehr die Stichhaltigkeit des theologischen Weltentwurfs: messen, rechnen, die mathematischen Gesetze entdecken, die den planetarischen Bewegungen zugrunde liegen – das hieß, mit höherer Genauigkeit Zugang zu Gottes Gedankenwelt finden als früher.

Keplers Arbeit, die er auf die präzisen Messergebnisse von Tycho Brahe stützte, führte zu einer Bestätigung des Heliozentrismus und zur Entdeckung der elliptischen Umlaufbahn der Planeten. In seinen eigenen Augen aber stellten die berühmten Keplerschen Gesetze, die wir heute als seine bedeutendste wissenschaftliche Leistung betrachten, nur einen – und nicht den wichtigsten – Aspekt seiner Forschungen dar. Mehr Energie verwendete er nämlich auf den Nachweis dafür, dass die Distanzen zwischen den Umlaufbahnen der Planeten des Sonnensystems einem gottgewollten Plan entsprächen. Diese Distanzen konnten unmöglich zufällig sein, zwangsläufig bezeugten sie eine Harmonie. Seine Arbeit drehte sich darum, den Schlüssel zu dieser natürlichen Harmonie zu finden, und Kepler war besessen vom Verlangen, dieses göttliche Rätsel zu lösen.

Galileo, der ebenso vom Platz der Astronomie in der Theologie überzeugt war, wies den Gedanken zurück, die Umlaufbahn der Planeten könne elliptisch und nicht kreisförmig sein, denn die Ellipse sei weniger perfekt als der Kreis. Wieso hätte der Schöpfer also den Gestirnen eine nicht perfekte Bahn verpasst, wo er doch die Macht hat, ihnen eine vollendete Bewegung zu verleihen?

Dieser kurze Rückblick in die Geschichte der Wissenschaft offenbart, wie sich wissenschaftliche Forschung unvermeidlich im Rahmen kultureller Vorstellungen vollzieht. Zunächst versucht sie diese zu bewahren und ihre Entdeckungen in deren Rahmen zu integrieren. Ohne sich dessen bewusst zu sein, geht sie zu diesem Zweck bestimmte Kompromisse ein. Solange diese Kompromisse tragbar sind, werden sie nicht als solche wahrgenommen. Erst wenn sie bereits unhaltbar geworden sind, erweisen sie sich als Kompromisse. Der »epistemologische Schnitt«, von dem ausgehend sich eine Wissenschaft entwickelt, enthebt sie nicht ihrem vorwissenschaftlichen Rahmen: Im Gegensatz zum Schmetterling, der aus seiner Puppe schlüpft und in die Lüfte fliegt, kann sich eine Wissenschaft nur langsam und mühsam von den Vorstellungen frei machen, innerhalb derer sie entstanden ist.

Wenn schon »harte Wissenschaften« diesen Schwierigkeiten gegenüberstehen, dann gilt Gleiches natürlich umso mehr für die Human- und Sozialwissenschaften. Die Ökonomie mag mathematisiert sein, wie sie will, sie mag auch durchaus valide Ergebnisse produziert haben – diese Ergebnisse beweisen aber keineswegs, dass sie mit vorwissenschaftlichen Vorstellungen gebrochen hat oder dass sie die herrschende Kultur transzendiert. Ökonomen sind keine Marsianer, die die Menschheit entdecken. So wenig wie Keplers Messungen, Berechnungen und Entdeckungen seine theologische Weltsicht erschütterten, so wenig befreit die Anwendung der Mathematik den Ökonomen von den Wahrnehmungsweisen seiner Mitmenschen und der Gesellschaft, die er im Lauf seines Lebens internalisiert hat, die zu seinen eigenen wurden und den unreflektierten Sockel seiner reflektierten Tätigkeit bilden. Erst der akkumulierte Fortschritt seiner Disziplin wird es nach und nach erlauben, die eine oder andere anthropologische Vorannahme infrage zu stellen und einen neuen Blick auf »Evidenzen« zu werfen, der sie als vorgefasste Meinungen entlarvt.

Folglich verwundert es nicht, dass die Handbücher der Ökonomie mit der Ursprungserzählung übereinstimmen, die die abendländische Kultur dominiert, und dass sie die Genese der wirtschaftlichen Aktivitäten so darstellen, als entstünden sie aus der Begegnung individueller Wünsche, da jedes Individuum auf der Suche nach Gütern sei, die seinen Bedürfnissen entsprechen und sein Wohlbefinden steigern. Dabei wird der Bezug zu den Dingen als primär angenommen, die Beziehung zu den anderen als sekundär.

Sicherlich behaupten Wirtschaftswissenschafter nicht mehr, dass Menschen tatsächlich Individuen à la Robinson Crusoe wären, ohne soziale Bindungen und ohne Vorfahren und Verwandte, allein beschäftigt mit ihrem Bezug zu den Dingen, deren Veräußerung oder Erwerb sich nach strenger Kosten-Nutzen-Abwägung vollzieht. Doch sie behaupten auch nicht das Gegenteil. Sie sagen etwa nicht, dass es sich bei der Figur des Robinson um eine Fiktion handelt, die jeder Wahrscheinlichkeit entbehrt. Sie verschanzen sich hinter der Tatsache, dass man von einfachen Prinzipien ausgehen muss, um ein theoretisches Modell zu schaffen, das den gegebenen wirtschaftlichen Interaktionen Rechnung trägt und dass man folglich besser jene

Aspekte der Realität beiseitelässt, denen man keinen wesentlichen Einfluss auf die Phänomene zubilligt, deren Funktionsweise man erklären will. Die Vereinfachung folgt also der methodischen Anforderung. Die neoklassische Ökonomie leugnet beispielsweise nicht die transgenerationelle Kontinuität von Gesellschaft. (Es wurden ihr sogar Arbeiten gewidmet, was angesichts des Reichtums und der Vielfalt ökonomischer Forschung wenig erstaunt.) Dass diese Kontinuität aber, die ja in der Tat eine soziale ist, die grundlegenden Vorannahmen des Fachs infrage stellt – das sieht sie nicht.

In dieser Hinsicht spielen die theoretischen Fiktionen der ökonomischen Handbücher dieselbe Rolle wie jene, die in den Werken der politischen Philosophie ab dem siebzehnten Jahrhundert zu finden sind – in jenen Erzählungen, die uns zeigen, dass die Individuen zunächst bindungslos untereinander sind, sich dann aber aus Vernunft auf einen Gesellschaftsvertrag verpflichten, der zwar Zwänge mit sich bringt, doch für die Garantie ihrer Grundrechte notwendig ist. Die Theorien des Naturzustandes und des Gesellschaftsvertrages behaupten nicht, in historischer Sicht »wahr« zu sein; vielmehr klammern sie die historische Wahrheit aus und zielen einzig darauf ab, eine legitime Begründung politischer Verfasstheit denkbar zu machen.

Dennoch muss man dabei festzustellen, dass diese Vereinfachungen immer in dieselbe Richtung gehen: Ob es nun um ihre ökonomische Funktionsweise geht oder um ihre politische Organisation – sie lassen die Gesellschaft immer aus der Vernunft und aus dem Willen der Individuen hervorgehen – was, wie ich bereits hervorgehoben habe, im eigentlichen Sinn eine Gegen-Wahrheit ist. Tatsächlich sind die neoklassische Ökonomie und die politische Philosophie (von Locke bis zu Rawls und Nozick und Habermas) vom selben grundlegenden Glaubensgebäude hinsichtlich Mensch und Gesellschaft geprägt. Die Idee eines einzigen und personifizierten Schöpfergottes entspricht dabei zweifellos nur dem augenscheinlichsten Aspekt der Glaubensannahmen der okzidentalen Welt. Daher ist es leichter, sich von diesem Gott zu entfernen, als auf die Idee des Individuums als eines aus sich selbst heraus existierenden Subjekts zu verzichten.

Einige heterodoxe Ökonomen (insbesondere Bernard Guerrien) waren erstaunt über die Rolle, die Robinson Crusoe in den Handbüchern der Wirtschaftswissenschaft spielt. Für die Verfasser dieser Handbücher ist Robinson aber nicht, wie etwa Tarzan oder Käpt'n Nemo, die Inkarnation eines verlockenden Traums: Es lässt sich an ihm nur gut zeigen, wie ein Individuum, das die ihm zur Verfügung stehenden Ressourcen bestmöglich nutzen will, denkt und handelt. Um die Wirkungsweise von Wirtschaft verständlich zu machen, müsse man folglich aufzeigen, dass diese das Ergebnis der Interaktionen von *x* Robinsons ist. Man mag dem *Common Sense* dabei zugestehen, dass es sich bei empirischen Individuen nicht zur Gänze um Robinsons handelt und der relationalen Ökonomie fallweise durchaus den einen oder anderen Artikel widmen – man geht dabei dennoch immer von der Voranname aus, dass die dem Verhalten zugrunde liegende Logik genau jener entspricht, die

Defoes Romanfigur Robinson Crusoe leitet. Schon der Mauss-Schüler Louis Dumont hat klar erkannt, dass das herrschende ökonomische Denken in der Überzeugung gründet, der Mensch habe es zunächst mit den Dingen zu tun und erst dann mit den anderen Menschen. Es seien Dinge, die seine Bedürfnisse stillen und sein Wohlbefinden befördern, und ein jeder bestimme für sich selbst, unabhängig von den anderen, die Wertigkeit, die für ihn die Dinge zwischen Mittel zum Zweck und eigentlichem Zweck einnehmen.

Dieser Überzeugung Ausdruck zu verleihen (die ja nicht nur die Ökonomie durchzieht, sondern das okzidentale Denken in seiner Gesamtheit), entspricht der Verkündigung einer frohen Botschaft, die zu unserem täglichen Los in schönem Gegensatz steht: So wird der Mensch von der Notwendigkeit befreit, im Geist der anderen zu existieren; die Ausrichtung seiner Wünsche hängt dann nicht vom Wert ab, den andere von ihm wertgeschätzte Personen dieser oder jener Sache zuweisen (womit der *Homo oeconomicus* kurioserweise von anderer Natur ist als der *Konsument*, dieser Mensch voller Wünsche, an den sich Werbung und Marketing wendet). Sich eines Diskurses der Rationalität zu bedienen (wie etwa der Theorie der *rational choice* oder des *methodologischen Individualismus*), erlaubt es, sich selbst als rationales Wesen wahrzunehmen. Sich eines Diskurses der Rationalität zu bedienen, erlaubt die Selbsterfahrung, man stünde über jedem Verlangen, das uns von anderen abhängig macht, man sei Meister seiner selbst. Dergleichen Erfahrung nährt auf ihre Weise das Gefühl zu existieren. Es ist daher durchaus verständlich, dass man dazu neigt, sich mit dem Bild, das sie uns von uns erzeugt, zu identifizieren und es zu idealisieren. Der Glaube an das Postulat, man habe es vor jeder Beziehung zu den anderen zunächst mit Dingen zu tun, ist die in der westlichen Welt verbreitetste Form männlicher Panzerung und die üblichste Weise, eine vorteilhafte Vorstellung seiner selbst zu kultivieren.

Wer immer sich tatsächlich ökonomisch betätigt, wie etwa ein vor seinen Rechnungen sitzender Händler, ähnelt natürlich dem *Homo oeconomicus*. Doch ähnelt er ihm nur in manchen Aspekten und in manchen Momenten, denn seine Existenz umfasst notwendigerweise auch andere Facetten, andere Arten und Weisen des Seins, andere Beziehungsmodalitäten. Ökonomen, die über das Verhalten der Wirtschaftstreibenden nachdenken, versuchen dieses Verhalten zu systematisieren und es in eine Theorie zu gießen. Sie konstruieren folglich einen Idealtypus. Und plötzlich gilt das, was doch nur eine Facette des Menschen, ein Verhaltensmuster unter anderen ist, als wissenschaftliche Wahrheit über das Wesen des Menschen.

Wie so oft auch in anderen Disziplinen (der Philosophie zum Beispiel) sind Forschende oder Lehrende – hier also die Ökonomen – versucht, sich selbst als universelle rationale Subjekte zu sehen, mithin als ihrer Meisterschaft gewisse Subjekte. Wenn es ihnen nun darum geht, Wirtschaftstreibende nach ihrem Bilde auszubilden (was etwa in einer *Business School* der Fall ist), dann ist es wohl natürlich, dass sie ihre eigene Denkweise als Modell einbringen. Geht es ihnen jedoch darum, wirtschaftliche Tätigkeiten genuin wissenschaftlich verstehen zu wollen, dann müssen sie von sich selbst absehen und sich darauf gefasst machen, dass reale Wirtschaftstreibende von Lebensweisen und Sorgen angetrieben werden, die nicht unbedingt dem Modell des *Homo oeconomicus* entsprechen.

Im Gegensatz zum bescheidenen *Homo sapiens*, der wir sind, ist der *Homo oeconomicus* Herr in seinem eigenen Haus. Das heißt, er ist befreit vom Verlangen zu existieren, das aber doch ein wesentliches Merkmal der Conditio humana darstellt, und erlöst von den Schwierigkeiten und den Problemen, von der Verletzlichkeit und der Verblendung, die dieses Verlangen mit sich bringt. Da er nun im Genuss dieses beneidenswerten ontologischen Privilegs ist, verhält er sich auch spontan wie ein rationales Individuum. Doch setzt sich bei uns ein Element von Verlangen und Leidenschaft fest, weil wir der Herausforderung zu existieren dergestalt unterworfen sind, dass jegliche unserer Interaktionen mit den Dingen und mit den anderen unweigerlich in uns ein Gefühl des Mehr-Seins oder des Weniger-Seins bewirken. Wären wir von dieser Herausforderung befreit wie ein Robinson Crusoe oder wie der *Homo oeconomicus*, dann wären unsere Wünsche und Einschätzungen hinsichtlich Mittel und Zweck oder Kosten und Nutzen vollkommen unabhängig von den Einschätzungen der anderen und wir entsprächen tatsächlich dem Ideal des rational handelnden Menschen (wobei weder das Verhalten von Konsumenten mit dieser Konzeption des Menschen übereinstimmt noch, wie es André Orléan aufgezeigt hat, jenes der Player in der Finanzwelt).

Die Nutzung mathematischer Methoden in der Ökonomie hat sich klar sichtbar im Rahmen einer vorwissenschaftlichen Konzeption des Individuums vollzogen und hat die Ökonomie bestätigt. Die Wirtschaftswissenschaft entstand zudem in einem zeitlichen Kontext, in dem die Idee einer natürlichen Harmonie allmählich den Glauben an die göttliche Vorsehung ersetzt hat. Die aufgeklärten Geister (Voltaire in seiner Schrift über das Erdbeben von Lissabon ist dafür ein gutes Beispiel) glaubten kaum mehr an einen Gott, der unmittelbar zum Schutz seiner Schöpfung eingreift. Da die kosmische Harmonie auf Gesetzen beruhte, sollte es jedoch möglich sein, jene Gesetze zu entdecken, die für eine Harmonie zwischen den Menschen sorgen würden. Im Denken der ersten Ökonomen sollte die Praxis des Handels Kriege vermeiden. Die Menschen sollten begreifen, dass ihre wahre Natur die des rationalen Individuums sei und sollten sich folglich mit dem Modell des *Homo oeconomicus* identifizieren. So gewänne der Sinn für ein wohlverstandenes Eigeninteresse die Oberhand über die Leidenschaften (dieser sich im Lauf des achtzehnten Jahrhunderts vollziehende Perspektivwechsel wurde von Albert O. Hirschman umfassend untersucht). Angesichts der zerstörerischen Wirkung der Leidenschaften hatten die Prediger ihre Schäfchen dazu ermuntert, ihre Hoffnung einzig auf die göttliche Gnade zu setzen. Die weltlichen Wissenschaftler waren es sich schuldig, ein zugänglicheres Heilmittel zu liefern. Das freie Spiel von Angebot und Nachfrage sollte eine Harmonie hervorbringen, für die weder die göttliche Gnade noch die dirigistischen Maßnahmen der irdischen Monarchen hatten sorgen können. Der freie Markt wirkte dabei wie eine unsichtbare Hand der Vorsehung. Indem er auf natürliche Weise für einen Ausgleich der unterschiedlichen Individualinteressen sorgen würde, befördere er den allgemeinen Wohlstand weitaus mehr als eine Planwirtschaft. Auch hier hat der Rückgriff auf die Mathematik diesen Optimismus bestärkt. Indem sie rigoros eine Theorie der Funktionsweise von Märkten erstellte, hat die Wirtschaftswissenschaft der Vorstellung von natürlicher Harmonie eine glaubwürdige Basis verliehen: Die Mechanismen, die zum Gleichgewicht führen, bilden ein System und sie sind kohärent, wie ihre mathematische Darstellbarkeit bezeugt.

Es erstaunt daher nicht, dass ein Friedrich von Hayek sich vor dem Genie von Frédéric Bastiat verbeugte: Mitte des neunzehnten Jahrhunderts gründete dieser Autor seine Befürwortung des Freihandels auf das Verbraucherinteresse (was nachvollziehbar ist), aber auch, im Rückgriff auf den Enzyklopädisten Quesnay, auf die göttliche Vorsehung (was eher anfechtbar ist). Bastiat vergleicht die Rolle des Ökonomen mit Laplaces Beschreibung von der Bewegung der Sterne. »Das nämliche Denken, das die Harmonie in der Bewegung der Himmelskörper erkennt«, so Bastiat, »erkennt sie auch im inneren Mechanismus einer Gesellschaft.« Dieses Denken entspräche der »Natur, oder vielmehr der Vorsehung«. Bastiat bewundert »die Weisheit der Vorsehung, die über die egalitäre Bewegung in der Gesellschaft wacht«, denn der Freihandel führe natürlicherweise zu Gleichheit zwischen den Mitgliedern einer Gesellschaft *ohne Einmischung der Politik*: Es genüge, die Naturgesetze gesellschaftlicher Harmonie zu kennen und sich ihnen zu überlassen. So wie die Theologen zwischen den menschlichen Handlungen, die sich in die gottgewollte Ordnung fügten, und jenen, die diese Ordnung störten oder gegen sie verstießen, zu unterscheiden wussten so kann sich nun auch der Ökonom auf eine grundlegende Ordnung berufen, was ihm einen Ariadnefaden an die Hand gibt, um sich im komplexen und undurchsichtigen Netzwerk menschlicher Angelegenheiten zurechtzufinden, und ihm eine solide Basis für seine Lösungen bietet.

Um aber die Idee einer natürlichen Harmonie zwischen Individuen, deren Bezug zu Dingen der Beziehung zu anderen vorausgeht, aufrechterhalten zu können, muss man soziologische, politische oder psychologische und andere Faktoren beiseitelassen, die diese Ordnung kippen ließen und außerdem mit mathematischen Methoden schwer beschreibbar sind. Mit der Etablierung des mathematischen Modells wurden zunehmend alle Faktoren beiseitegeschoben, die als unerheblich für die Wirtschaftswissenschaft angesehen wurden. Sind diese Faktoren aber tatsächlich vernachlässigbar, oder sind sie nicht vielmehr, wenn auch störend, so doch durchaus erheblich? Ist die Grenzziehung zwischen wirtschaftsrelevanten und nicht wirtschaftsrelevanten Fakten berechtigt? Oder wurde sie nicht vielmehr aus Bequemlichkeit gezogen, um sowohl die Reinheit der wirtschaftswissenschaftlichen Lehre als auch die Makellosigkeit ihrer Denkmodelle zu sichern? Die Tatsachen, die nicht ins Modell passen und die es also verunreinigen würden, wären jedenfalls wohl Zeugnis einer Disharmonie. Die Anziehungskraft von Theorien, die ein schönes System bilden, führt leicht zu dem Glauben, dass die Realitäten, die von diesen Theorien eigentlich beschrieben werden sollten, ebenso systematisch kohärent seien. Die wirtschaftliche Praxis ist aber doch geprägt von Widersprüchen und Uneinigkeiten, von Spannungen und Konfrontationen, von Unvorhersehbarem, von Teufelskreisen, und von einem Betrieb, der allein durch erhebliche menschliche Anstrengungen mühsam aufrechterhalten wird. Dergleichen lässt sich schwer theoretisieren, verdient aber umso mehr, untersucht zu werden. Ausgehend von der Komplexität des menschlichen Handelns empfiehlt es sich, von der Hypothese auszugehen, dass sich dabei mehrere Kausalitätssysteme kreuzen: Wenn manche Aspekte der Realität für eine natürliche Regulierung sprechen, so sprechen andere Tatsachen für disharmonische Interferenzen, für desaströse Verkettungen und Kräfteverhältnisse, die für alle oder einen Teil der betroffenen Personen schädlich sind.

Der Physik ist es gelungen, auf die Harmonie zu verzichten. Auch wenn im Denken eines Galileo oder eines Newton die Vorstellung von »Gesetz« auf einen göttlichen Gesetzgeber verwies, ließ sich mit den physikalischen Gesetzen schließlich sowohl die Unordnung als auch die Ordnung beschreiben. Die Wissenschaftler und Philosophen des siebzehnten und achtzehnten Jahrhunderts unterschieden zwischen einem Gott als Uhrmacher oder Architekten und einem Gott als Vater oder von der Vorsehung gesandten Monarchen. Leibniz mag sich noch so sehr dafür stark gemacht haben, dass die beiden Seiten Gottes miteinander verwoben sein müssten: Die Physik überließ den Theologen das Studium der Zwecke und hielt sich an die Ursachen. So konnte sie die Ursachenketten und das Spiel der Kräfte beschreiben, auch wenn diese Ursachen und diese Kräfte für den Menschen so ungünstige Phänomene hervorbrachten wie Erdbeben oder Orkane. Die Physik beschreibt die Kräfte und erklärt deren Zusammensetzung, ohne glauben zu müssen, das Spiel dieser Kräfte würde Harmonie produzieren.

Die Wirtschaftswissenschaft hat Mühe, an einen vergleichbaren Punkt zu kommen. Warum?

Zunächst, wie bereits bemerkt, drohen die nämlichen Faktoren, die in der Realität Disharmonien erzeugen, auch bei der Theoriebildung eine störende Rolle zu spielen und diese dazu zu zwingen, zumindest fürs Erste von einer mathematischen zu einer sprachlichen Beschreibung zu wechseln: Wörter statt Zahlen – ein demütigender Ansatz für eine auf ihre Mathematisierung so stolze Disziplin –, obwohl die Vertiefung wissenschaftlichen Erkenntnisgewinns nur um diesen Preis zu haben ist.

Des Weiteren ist die Rolle, die der wirtschaftswissenschaftliche Diskurs heute erfüllt, von anderer Ordnung als jene der Physik. Die Ökonomie – der ökonomistische Blick auf die menschlichen Gesellschaften – ist dazu angehalten, Aussagen darüber zu treffen, was eine wohlgeordnete Gesellschaft im Innersten zusammenhält und ihren Wohlstand fördert, sodass die Politik sich zur Rechtfertigung ihrer Entscheidungen gewohnheitsmäßig auf sie berufen kann. Jenseits seiner technischen Funktionen erfüllt der ökonomische Diskurs also eine Rolle, die jener der

Theologie im mittelalterlichen Europa vergleichbar ist. Die Theologie war ein Konstrukt, das es erlaubte, eine Brücke zwischen Kultur und Natur zu schlagen oder, anders gesagt, das vorher angesprochene Paradox zu heilen: Obwohl das Leben in Gesellschaft der Naturzustand des Menschen ist, haben Gesellschaften keine naturgegebene Organisation; sie müssen folglich die jeweils von ihnen durchgesetzte Ordnung legitimieren, indem sie sie in der *Conditio humana* verankern – was eigentlich heißt: in der Vorstellung, die sie sich von ihr machen. Einer Vorstellung, die auf ein Verlangen nach Halt und Sicherheit antworten soll: Ihre Aufgabe ist es, den fragilen Charakter dieser *Conditio* auszubalancieren. Als Europa sich noch mit dem Christentum identifizierte, hatte die Theologie das letzte Wort über die Ordnung der sozialen, der natürlichen und der übernatürlichen Welt. Das Recht war in der höchsten aller Wissenschaften eingebettet, was den Autoritäten das notwendigerweise im Absoluten gegründete Recht verlieh, die menschlichen Angelegenheiten zu regeln. Die Verfasser des *Malleus maleficarum* zum Beispiel, also des *Hexenhammers*, waren so mit absoluter Gewissheit in der Lage, die Fälle von Hexerei aufzuklären, die die Gesellschaft gefährdeten, und als Experten die geeigneten Maßnahmen vorzuschreiben, um die Ordnung wiederherzustellen.

Theologische Vorstellungen erscheinen jedoch unwahrscheinlich, sobald man der modernen Vorstellung der *Conditio humana* anzuhängen beginnt – einer Vorstellung, für die der ökonomische Diskurs eine große Rolle spielt. Wir denken – wir glauben –, dass wir uns nicht mehr auf Glaubensgebäude stützen, sondern auf Wissen. Dabei könnte schon die Neigung der orthodoxen Ökonomie, Formen natürlicher Harmonie zu betonen, unseren Verdacht erregen, wenn wir denn nur diese Neigung in die lange Reihe von Ordnungsvorstellungen einordnen würden, auf die Gesellschaften notwendigerweise zurückgreifen mussten, um sich zu regieren. Für diese Vorstellungen ist es immer wesentlich, dass sie den richtigen Weg von jenen Wegen unterscheiden, die trügerisch sind oder schädlich. Einen gemeinsamen Glauben an einen richtigen Weg, der unbestreitbar dem Realitätsprinzip entspricht, zu etablieren und aufrechtzuhalten, ist wesentlich, um Vertrauen zu schaffen und dafür zu sorgen, dass die Gesamtheit der Mitglieder einer Gesellschaft am gemeinsamen Spiel teilhat, sich an die Regeln hält und dieselben Zielvorstellungen teilt. Der richtige Weg muss sich folglich als wissenschaftlich stichhaltig darstellen. Doch muss er auch die Hoffnung bewahren, dass die Dinge sich richten lassen, und die Überzeugung nähren, dass die Schwierigkeiten, auf die man stößt, lösbar sind. Daraus erklärt sich die Überbewertung der natürlichen Harmonie (oder, wie beim Marxismus, der Glaube an die »Gesetzmäßigkeit von Geschichte«).

Diese Überbewertung, auch wenn sie das Vertrauen der Entscheidungsträger in ihre eigene Expertise stärkt, bringt unweigerlich einen vereinfachten Blick auf die Wirklichkeit mit sich. Je einfacher die Vorstellung der Wirklichkeit ist, innerhalb derer man agiert, desto weniger ist man ihrer Unvorhersehbarkeit ausgeliefert, desto mehr erscheinen einem zu treffende Entscheidungen als zwingend und die davon zu erwartenden Ergebnisse als gesichert. Wer als Experte oder als Entscheider gelten will, kann daher nur schwer den Verlockungen der Vereinfachung widerstehen, besonders wenn diese sich hinter dem ausgeklügelten Apparat einer wissenschaftlichen Sprache versteckt, die zu garantieren scheint, dass sie die Wirklichkeit in all ihrer Komplexität betrachtet.

Darüber hinaus stellen die Vereinfachung und die Überbewertung von Harmonie einen spürbaren Vorteil für all jene dar, die über ein gewisses Maß an Macht verfügen. In jeder Gesellschaft muss der Diskurs, der sich als übergeordneter Referenzrahmen für das Denken von und das Einwirken auf Wirklichkeit durchsetzen will, auch den Interessen der Mächtigen entsprechen – denn tut er das nicht, wird er nicht von ihnen unterstützt. Der Diskurs, sei er nun theologischer oder ökonomischer Natur, hat folglich zwei Funktionen zu erfüllen, wobei sich die eine hinter der anderen verbirgt: Er erlaubt es, Kräfteverhältnisse und Interessenskonflikte zu regulieren – das ist seine explizite Funktion –, gleichzeitig erlaubt er es aber den Mächtigen, mittels zwischengeschalteter Experten Maßnahmen zu rechtfertigen, die sie bevorteilen (wie es etwa Stiglitz anhand des Internationalen Währungsfonds aufgezeigt hat). Der Verweis auf die wissenschaftlichen Gesetze der Ökonomie erlaubt den Mächtigen, ihre Handlungen so darzustellen und zu rechtfertigen, als fänden sie in einem von jeglichen Kräfteverhältnissen freien Raum statt, da diese Gesetze ja angeblich den unwillkürlichen Beitrag der Wirtschaft zum Gemeinwohl beweisen. Es genügt zum Beispiel, den *Economist* zu lesen, um sich in einer Welt wiederzufinden, in der die Probleme unter Berufung auf eine Kompetenz durchdacht und gelöst werden, die über jeden Verdacht erhaben ist und in der sich die Kräfteverhältnisse zwischen Schwachen und Mächtigen auf wundersame Weise in Luft aufgelöst haben.

So wie die Regierungen des mittelalterlichen Europas verlangten, die Theologie müsse eine Wissenschaft sein, während die Wünsche und Sehnsüchte der Gläubigen aber von einer auf Bilder gestützten Propaganda gebannt werden sollten, so verlangen die modernen Gesellschaften ihrerseits einen autoritätsfähigen Diskurs und Bilder, die eine Orientierung für Wünsche und Sehnsüchte geben. Diese doppelte Notwendigkeit wird von der Ökonomie erfüllt. Als Wissenschaft und als technische Organisation wendet sie sich an das rationale Subjekt; über Medien und Werbung spricht sie Wünsche und Sehnsüchte an. In der Theorie besteht hier ein Widerspruch, in der Praxis allerdings nicht, da diese beiden Funktionen komplementär sind.

Wie die mittelalterliche Theologie hat auch die Ökonomie ihre Orthodoxie und ihre heterodoxen Minoritäten. Wissenschaftlich gesprochen verdienen heterodoxe Positionen die gleiche Aufmerksamkeit wie der Mainstream. Doch in der Praxis wird heterodoxes ökonomisches Gedankengut ebenso wenig als reines Erkenntnisstreben willkommen geheißen wie mittelalterliche Häresien vom herrschenden ökonomischen Denken, da es, würde es sich verbreiten, den Interessen abträglich wäre, an die die Orthodoxie gebunden ist. Ob sie dies nun will oder nicht, ist die heterodoxe Ökonomie, wie die Häresien im alten theokratischen Europa, schwer von ihren politischen

Implikationen trennbar. Und wie die mittelalterliche Theologie bekämpft die orthodoxe Ökonomie im Namen der Wahrheit alles Heterodoxe, doch sind die Gründe dafür nicht nur in der Sorge um die Wahrheit zu finden.

Das schließt nicht aus, dass es ein tatsächliches Erkenntnisinteresse gibt, selbst wenn dieses sich in der Praxis mit anderen Interessen vermischt. Erkenntnis ist, wie schon erwähnt, nicht dazu da, um dem Bedürfnis nach Harmonie und Kohärenz zu entsprechen. So muss man zugeben, dass die soziale Existenz nicht einer einzigen Logik folgt, sondern heikle und problematische Interaktionen zwischen mehreren Logiken (oder mehreren »Ökonomien«) beeinhaltet – Interaktionen, deren Gleichgewicht niemals garantiert ist und die beständiger Anstrengung bedürfen. Es ist klar, dass die Logik der Partikularinteressen und jene des Gemeinwohls sich nicht spontan einander angleichen. Doch diesem Ursprung von Schwierigkeiten gesellt sich noch die Tatsache hinzu, dass menschliche Kulturen sich nicht allein auf eine Ökonomie der Dinge gründen, sondern auch auf eine »Ökonomie« der psychischen Existenz, auf eine »Ökonomie der Personen«. In der Praxis sind diese beiden Logiken eng miteinander vermischt, was dazu führt, dass sich die Wirtschaft (im üblichen Sinn des Wortes) in die Gesellschaft einbettet.

9
Die Marktwirtschaft, eingebettet in das Soziale

Da der Mensch seine Existenz nur im und durch das Leben in Gesellschaft erlangt, beschränken sich die Funktionen, die er zu erfüllen hat, nicht auf rein ökonomische Funktionen. Dieses Kapitel veranschaulicht diese These, indem es die Mechanismen aufzeigt, mittels derer sich die Ökonomie der Dinge (die Marktwirtschaft) mit der Ökonomie der Personen (dem Leben in der Gesellschaft als Ganzes) verbindet und sie voraussetzt. Diese Veranschaulichungen – ich konzentriere mich auf sieben – entsprechen den verschiedenen Facetten des ökonomischen und sozialen Lebens: dem Vertrag; der Verbindung zwischen den Generationen; Gehalt und Gegenleistung für Arbeit; Gebrauchswert und Lebensweise; Bedürfnis und Begehren; Austausch und Abgaben; rationales Kalkül und Maßlosigkeit.

Auf diese Weise werden die Gründe für eine Begrenzung der Expansion des Kapitalismus klarer in Erscheinung treten. Diese Gründe beruhen keinesfalls auf der Überzeugung, der Kapitalismus – oder vielmehr, angesichts der Variabilität seiner Formen, die Kapitalismen seien an sich schon schlecht (Menschen erweisen sich in ihren kapitalistischen Aktivitäten weder als besser noch schlechter denn in anderen Formen der Aktivität). Gartenliebhaber zum Beispiel wissen die Kraft des Efeus zu schätzen. Das hindert sie aber nicht daran, dessen Ausbreitung zu beschränken, wissen sie doch, dass sich selbst überlassener Efeu seine Wurzeln auf Kosten der anderen Pflanzen ausbreitet. Die Gründe dafür, die Expansion des Kapitalismus zu beschränken, beruhen letztlich auf der Tatsache, dass das Leben in Gesellschaft nicht nur ein Mittel ist, durch das wir unsere individuellen Bedürfnisse zu befriedigen suchen, sondern dass es einen Zweck an sich darstellt, denn es bildet das Milieu selbst, ohne welches das einzelne Sein zusammenbräche. So wie der Efeu nicht der ganze Garten ist, auch wenn er seinen Platz darin hat, so bilden Handelsgüter nur einen (wenn auch den sichtbarsten) Teil der Güter und der Bindungen, auch wenn sie eine wesentliche Rolle in der Gesellschaft spielen. Zusammengenommen machen sie das Gewebe einer Kultur sowie einer Gesellschaft aus und stützen die Existenz der Menschen.

Die Garantien, die ein Vertrag bietet, gründen sich nicht nur in diesem Vertrag

In einer auf Handel basierten Gesellschaft nehmen die wirtschaftlichen Bindungen nicht die Form von Eiden oder eines beschworenen Glaubens an, sondern die eines Vertrags. Wenn die Partner zu einer mündlichen Vereinbarung gelangt sind, bestätigen und garantieren sie diese durch das Aufsetzen eines Vertrages. Ein Vertrag ist eine reversible Verpflichtung (ein unkündbarer Vertrag ist kein Vertrag), die zwei

Personen miteinander eingehen. Doch das beschreibt nur einen Teil des Vorgangs, denn ein Vertrag setzt per definitionem ein Drittes voraus. Tatsächlich beruhen die durch einen Vertrag gegebenen Garantien weder auf der moralischen Qualität der Beteiligten noch auf einem sie vereinenden Band der Liebe, sondern auf der Tatsache, dass er auch die Gesellschaft mit einbezieht, vertreten durch Zeugen, durch eine den Vertrag registrierende Instanz, durch ein juristisches System und, wenn nötig, durch Institutionen, die zu Zwangsmaßnahmen befugt sind. In den großen Gesellschaften, die sich seit der neolithischen Revolution entwickelt haben, ist es möglich und sogar nötig geworden, ökonomische Beziehungen mit Menschen zu unterhalten, die man nicht kennt. Ohne die durch verschiedenste Formen eines institutionalisierten Dritten gewährten Garantien hätten sich solche Gesellschaften nicht ausbilden können.

Ein Vertrag setzt natürlich auch voraus, dass die Identität der Beteiligten garantiert ist, was wiederum einer sozial verlässlichen Organisation des Personenstands in Generationen übergreifender Kontinuität bedarf.

Das Vertrauen, das die Unterzeichner eines Vertrages in diesen haben, setzt auch ein weitergehendes Vertrauen voraus, eines, das in keiner formellen Garantie gründet, sondern im Gefühl, dass die Gesellschaft als Ganzes hinreichend stabil und die Zukunft nicht zu ungewiss ist. Da ein Vertrag gemeinhin ein finanzielles Engagement mit sich bringt, beruht die Überzeugung, dass er auch erfüllt wird, nicht nur darauf, was die eine Partei von der anderen weiß, sondern auch auf dem Vertrauen beider ins Geld. Es ist eine Institution, die die soziale Organisation in ihrer Gesamtheit und in ihrer zeitlichen Kontinuität einbezieht, wie Michel Aglietta und André Orléan eindrücklich aufgezeigt haben.

Zusammenfassend lässt sich sagen, dass sich die Produktion und Zirkulation privater Güter auf kollektive Güter wie Personenstandsregister, Justizwesen, Währung und zeitliche Kontinuität einer Kultur stützen. Damit es Dinge gibt, muss es Personen geben, und damit es Personen gibt, muss es zwischen ihnen ein verbindendes Drittes geben: eine Gesellschaft mit ihrer Kultur, eine gemeinsame, in einer Dauer eingeschriebene Welt.

Keine Güterzirkulation ohne die Gabe einer Generation an die folgende

Damit Dinge zwischen Personen zirkulieren, müssen Letztere, wie wir gesehen haben, existieren und auf Dauer identisch mit sich selbst sein. Wie Maurice Godelier bekräftigte, muss das, was sich ändert, von dem eingerahmt sein, was unverändert bleibt. Um die Zirkulation von Gütern zu regulieren (also deren Besitzerwechsel), ist es nötig, diesen Wechsel in ein verlässliches Koordinatensystem einordnen zu können, welches es erlaubt, nicht nur die jeweils handelnden Personen in Bezug zueinander zu verorten, sondern auch in Bezug auf eine Generationenabfolge. Damit eine Person in Austausch mit ihren Zeitgenossen treten kann, muss sie notwendigerweise bereits existieren, muss im Besitz ihrer selbst sein, also im Besitz eines Gutes, welches nicht durch Tausch erwerbbar ist, sondern durch Weitergabe, durch Transmission. Das heißt durch eine Gabe ohne Gegengabe: Die Existenz, die mir meine Eltern und weitere Personen ihrer Generation gegeben haben, kann ich meinerseits meinen Kindern geben, ich kann sie aber nicht der mir vorangehenden Generation zurückgeben. Diese Lebensgabe geht auf die Eltern zurück, geht aber über diese hinaus, schließt sie doch deren Sozialisation und die Kontinuität des Verhältnisses zwischen den Generationen mit ein. Der Tausch gründet also in der Gabe, denn Tausch und Austausch zwischen Zeitgenossen setzen die Gabe voraus, die jede Generation der nächsten weiterreicht – und zwar unabhängig davon, ob der Tausch Güter mit oder ohne Warencharakter betrifft. Die Idee von Gewinn oder Nutzen beruht auf der Akzeptanz eines unwiederbringlichen Verlustes: Das Leben weitergeben bedeutet auch, die Perspektive seines eigenen Todes zu akzeptieren.

Die Generationen vergehen, von Dauer ist nur, was sie weitergeben. Daher müssen auch die Institutionen, die dieser Weitergabe einen Rahmen bieten, die Zeit überdauern. Was den Rahmen der Weitergabe bildet, ist dabei nicht immer leicht von dem zu unterscheiden, was weitergegeben wird: So gibt sich etwa die Schule zugleich mit dem, was sie vermittelt, auch selbst weiter.

Unter dem, was weitergegeben wird, ist es außerdem nicht leicht zu unterscheiden zwischen allgemeinem und individuellem Gut: Die gemeinsame Sprache wird weitergegeben – und bildet die Substanz jedes Individuums; die Kultur und das gesellschaftliche

Leben als Ganzes werden weitergegeben – und nähren im Individuum das Gefühl zu existieren. Die unveräußerlichen Güter (jene, aus denen unsere Persönlichkeit besteht) sind somit zugleich allgemeine Güter.

Damit Produktion und Zirkulation von Handelsgütern möglich sind, bedarf es also zunächst der Weitergabe nicht handelbarer Güter und Bindungen. Die Zirkulation von Handelsgütern führt zu sogenannten Guthabenschulden – Schulden, derer man sich durch Bezahlung entledigen kann, während die Weitergabe nicht handelbarer Güter eine Schuld des Seins (eine Lebensschuld) impliziert, die der Schuldner zwar nicht zurückzuzahlen hat, die er jedoch anerkennen muss.

Die abendländische Kombination von Materialismus (der Tendenz, im Warenverkehr die Grundlage unseres Wohlergehens zu sehen) und Spiritualismus (das Individuum soll aus sich selbst heraus existieren, da seine Existenz quasi vom Himmel fällt) bringt eine Unterschätzung, ja sogar Leugnung der Seinsschuld und der »Ökonomie der Personen« mit sich. Eine Kultur der Undankbarkeit sozusagen. In dieser, also in unserer Kultur glaubt man folglich, dass menschliche Beziehungen auch jenseits des Warenhandels nach dem Modell des Vertrags zu denken seien. Die Beziehungen zwischen Professor und Schülern impliziere zum Beispiel kein Verhältnis zwischen den Generationen, sie gründet vielmehr in einem Vertrag. In diesem Punkt der Verleugnung des existenziellen Charakters menschlicher Interdependenz steht die politische Philosophie in der Tradition des Sozialvertrags. Sie steht an der Seite eines ökonomischen

Denkens, das, wie Jean-Pierre Dupuy betonte, mit Unterstützung von Teilen der Kognitionswissenschaften eine kartesianische Konzeption des Subjekts am Leben erhält.

Lohn und Gehalt stellen nur einen Teil dessen dar, was im Tausch für Arbeit erwartet wird.

Noch vor nicht allzu langer Zeit hatten europäische Bauern eine spürbar andere Vorstellung von Warenaustausch als die Städter. Sie verkauften natürlich ein Haus, aber nur an jemanden, den sie kannten. Sie verkauften natürlich, während des zweiten Weltkrieges etwa, Butter an einen Städter, der danach fragte; aber unter der Bedingung, dass dieser sich zunächst auf eine scheinbar ziellose Unterhaltung einließ, sodass sich schließlich eine Form von Verbindung oder Affinität einstellen konnte. Dergleichen Verhalten war irritierend für Menschen, die es gewohnt waren, Handelstransaktionen von anderen Formen der Interaktion zu trennen – also die »Ökonomie der Dinge« von der »Ökonomie der Personen« zu trennen.

Von ökonomischer Warte betrachtet, impliziert auch die Lohnarbeit eine Trennung zwischen Handelsaustausch und anderen Formen des Tausches: Der Lohnempfänger liefert dem Arbeitgeber ein bestimmtes Quantum Arbeit, und Letzterer bietet ihm dafür ein bestimmtes Gehalt. Es lässt sich über den gerechten oder ungerechten Charakter dieses Tausches streiten (siehe etwa Marx und seine Analyse des Mehrwerts). Es lässt sich aber auch fragen – Paradigmenwechsel –, ob das Konzept des Gütertauschs (somit das Prinzip einer Äquivalenz von Arbeit und Lohn) überhaupt eine angemessene Beschreibung dessen erlaubt, was für jeden Lohnempfänger in seinem Bezug zur Arbeit auf dem Spiel steht.

Das Aufwerfen dieser Frage rechtfertigt sich schon aus der Erfahrung, dass niemand *ausschließlich* um des Gehaltes willen arbeitet. Für die geleistete Arbeit erwartet man einen gerechten Lohn, doch auch etwas anderes. Was? Dass das Arbeitsverhältnis die Pflege der eigenen Existenz erlaubt. Spricht man mit Menschen, die in einem Unternehmen arbeiten (oder lebt gar mit ihnen), ist die Bedeutung dieser Erwartungshaltung schnell klar. Am deutlichsten wird sie fraglos, wenn die Erwartung enttäuscht wird: Das von konfliktreichen Verhältnissen, erniedrigenden hierarchischen Beziehungen oder einem »unguten Klima« verursachte Leid wird aus der Sicht des Angestellten, der es erfährt, niemals durch sein Gehalt kompensiert, selbst wenn ihm dieses für sich genommen angemessen erscheint. Man mag sich noch so sehr auf die »Ökonomie der Dinge« einlassen – vollständig ausklammern lässt sich die »Ökonomie der Personen« nicht; das Gleichgewicht der ersten vermag einem Ungleichgewicht der zweiten nicht abzuhelfen, gehört diese doch einer anderen Ordnung an. Ein Bauer kann zum Städter werden und kann zu trennen lernen, ohne dabei Frustration zu empfinden; er kann zu trennen lernen zwischen der Zeit, die er für reine Handelstransaktionen aufbringt und der anderen Zeit, in der der Umgang mit den anderen zur Stützung seiner Existenz beiträgt. Doch wird es ihm unmöglich sein, diese Trennung auf sein Berufsleben als Ganzes anzuwenden. Zwingt man ihn dazu, wird er den Eindruck haben, sein Leben selbst werde geopfert.

Es ist uns durchaus möglich, Situationen zu ertragen, die Frustrationen (das heißt ein Weniger-Sein) mit sich bringen – unter der Voraussetzung, dass diese durch andere Aspekte unseres Lebens kompensiert werden, die unser Existenzempfinden unterstützen oder es wieder herstellen (der schulische Wechsel von Unterricht und Pausen etwa trägt diesem Umstand Rechnung). Doch diese Möglichkeit hat ihre Grenzen. Wer glaubt, bei der Arbeit keiner Unterstützung seines Existenzgefühls zu bedürfen, fällt ohne sich dessen bewusst zu sein auf einen Begriff von »Ernsthaftigkeit« herein, der den Genuss seines Selbst einschränkt. Auf eine Entlassung folgt dann die Feststellung, dass man nicht nur das Gehalt verloren hat, sondern einen Gutteil seiner sozialen Existenz.

Wenn für unsere psychische Existenz das Leben in Gesellschaft so notwendig ist wie die Luft zum Atmen, dann ist die mit Arbeit verbrachte Zeit zu lang, um sie bei angehaltenem Atem zu durchleben. Folglich erwartet ein Arbeitnehmer zu Recht, dass ihm seine Arbeitszeit jenseits einer gerechten Entlohnung auch eine Sicherung seines Existenzgefühls einbringt. (Allein die Arbeitszeit zu reduzieren ist daher auch, wenn sie mit erhöhtem Druck und einem damit einhergehenden Verlust an Wohlbefinden einhergeht, für den Arbeitnehmer nicht immer vorteilhaft.)

Die Instandhaltung der psychischen Existenz – ein Vorgang des sozialen Lebens, für den man die dem chinesischen Denken entlehnte Metapher der »Zirkulation des Atems« benutzen kann – stellt zugleich ein kollektives wie ein privates Gut dar. Privat insofern, als jeder Einzelne sich dadurch selbst als ein Selbst spürt. Kollektiv insofern, als dieses Gut nur in Gemeinschaft zu haben ist – worauf ja auch durchaus Redensarten wie »gute Stimmung« (oder »Klima« oder »Atmosphäre«) verweisen.

Ein Handelsgut erhält seinen Gebrauchswert nur, wenn es sich an nicht handelbare Güter anlehnt

Selbst Adam Smith hat es gesagt: Kleider trägt man nicht nur, um nicht zu frieren, sondern auch um vor den anderen gut auszusehen. Handelsgüter erfüllen nicht nur (und oft überhaupt nicht) »Grundbedürfnisse«: Sie erlauben es, einen Platz im sozialen Leben einzunehmen und daran teilzuhaben. Die meisten Menschen, die im Besitz eines Gerätes mit Fotokamera sind, benutzen dieses, um die Spuren ihrer Freizeit oder ihrer Ferien festzuhalten und sie anschließend mit ihren Freunden zu teilen. Der Gebrauchswert des Gerätes definiert sich im Grunde darin, dass es ermöglicht, Fotos zu machen; doch wenn es weder Freizeit noch Ferien gäbe, dann wäre dieser Gebrauchswert erheblich vermindert. Es ist klar, dass in der Wirklichkeit der Gebrauchswert eines Handelsgutes von der Beziehung abhängt, die dieses mit anderen Gütern eingeht (im weitesten Sinn). Ein Gut namens »Ferien« etwa setzt sich zusammen aus diversen Handelsdienstleistungen (Transport, Miete, Unterbringung etc.) und aus nicht handelbaren Gütern: Ferien sind eine Institution (sie setzen also die Existenz kollektiver Güter voraus wie etwa die eines Staates und einer Legislation); sie setzen gleichfalls die Existenz einer natürlichen oder städtischen Umwelt voraus, die ihrerseits ebenfalls ein kollektives Gut ist. Unternehmen, die Kameras herstellen, leben also ebenfalls nicht nur vom Verkauf ihrer Produkte, sondern zugleich, wenn auch indirekt, von all dem, was ihren Produkten erst deren Gebrauchswert verleiht: Sie könnten wohl kaum überleben ohne Ferien, ohne Denkmäler oder Landschaften, die es zu fotografieren lohnt, ohne Freunde, die diese Fotos sehen wollen, und ohne geliebte Freunde, deren Fotos man sichern möchte.

Im vorangegangenen Abschnitt wurde sichtbar, dass Arbeitsbeziehungen nie rein funktionell sein können, da sie auch einen unmöglich zu übergehenden existenziellen Aspekt in sich bergen; die Gegenleistung für erbrachte Arbeit kann sich also für denjenigen, der sie ausführt, nicht auf die Vergütung durch Lohn reduzieren. In diesem Sinne lässt sich auch der Konsum nicht auf die rein funktionelle Verbindung von Bedarf und Produkt reduzieren, denn um im Leben des »Konsumenten« Platz zu haben, muss er notwendigerweise auch Platz haben im Leben der Gesellschaft, an dem dieser teilnimmt. Dieses Leben in Gesellschaft setzt sich zusammen aus unterschiedlichen Gütern (Handelsgütern und Dienstleistungen, kollektiven Gütern wie dem Staat, dem Geld, der Umwelt und, im umfassenden Sinn, all dem, was von einer Generation zur nächsten weitergegeben wird). Alles in allem ist das Leben in Gesellschaft selbst das grundlegende, allumfassende kollektive Gut, welches sich zugleich aus spezifischen kollektiven Gütern und aus Handelsgütern zusammensetzt. Reichtum setzt sich, alles in allem, also aus zweierlei zusammen: aus der Kaufkraft und aus dem Genuss dessen, was nicht käuflich ist.

Das Bedürfnis nach einem Gut entsteht aus der Notwendigkeit und dem Wunsch, mit den anderen und in Bezug auf sie zu existieren

Menschliche Interaktion steht an erster Stelle. Die Dinge, seien es materielle oder immaterielle, bilden eine Substanz, die menschliche Beziehungen mediatisiert und ihnen dabei Themen und Inhalte liefert, indem sie zwischen ihnen zirkuliert. Die Dinge, die ja in ein Gewebe von Beziehungen eingeflochten sind, die sie sowohl untereinander als auch mit den Menschen eingehen, zirkulieren in einer gemeinsamen sozialen Welt (Anthropologen bezeichnen das als »eine Kultur«). Sie tragen dazu bei, diese gemeinsame Welt zu bilden, erhalten aber gleichzeitig auch ihren Sinn von ihr. Folglich befriedigt die Gesamtheit einer Kultur – die Zirkulation von materiellen wie immateriellen, handelbaren wie nicht handelbaren, privaten wie kollektiven Gütern zwischen und in den jeweiligen Generationen – nicht nur die materiellen Bedürfnisse ihrer Mitglieder: Sie bringt sie vielmehr in den Genuss einer psychischen Existenz.

Jedes Individuum ist zu einer rationalen Abwägung fähig, die es ihm erlaubt, zwischen verschiedenen Gütern zu vergleichen und die Kosten gegen den »Nutzen« abzuwägen. Der individuelle und rationale Charakter dieser Wahl verhindert jedoch keinesfalls, dass diese sich im jeweiligen Fall auf das generelle Bedürfnis zu existieren stützt und dass dieses Bedürfnis immer (manchmal weniger, zumeist aber mehr) das Bedürfnis impliziert, im Geiste der anderen zu existieren. Anders gesagt: das Bedürfnis nach Anerkennung. Daher ist auch, anders als Georg Simmel dachte, der Wert, den ein Gut in den Augen einer bestimmten Person bekleidet, niemals unabhängig vom Wert, den andere ihm zugestehen.

Zum besseren Verständnis der Problematik des menschlichen Begehrens sei darauf verwiesen, dass sie sich im Kern einer Kontroverse findet, die seit dem vierten Jahrhundert nach Christus das westliche Denken zutiefst geprägt hat. Für den Heiligen Augustinus folgt aus der Erbsünde der Schluss, das Begehren sei stärker als der Wille, sodass der Mensch ohne die Gnade Gottes seinem Verderben entgegenginge. Das Begehren entfremde (um einen modernen Ausdruck zu verwenden): Anders als der Wille unterwerfe es uns dem Zugriff der anderen. Sichtbar werde das etwa im sexuellen Begehren oder in Situationen, in denen wir nicht anders können, als mit anderen zu rivalisieren, was nichts anderes heiße, als uns in deren Augen als Träger derselben Werte zu zeigen, die sie ihrerseits hochhalten. Für Pelagius, den Gegenspieler des Heiligen Augustinus, bleiben die Auswirkungen der Erbsünde aber begrenzt; es sei folglich möglich, sein Begehren durch die Kraft des Willens zu überwinden. Diese Kontroverse flammte im Laufe der Jahrhunderte in jeweils abgewandelter Form immer wieder auf. Im siebzehnten Jahrhundert bringt sie etwa die Jansenisten gegen die Jesuiten in Stellung. Im darauffolgenden Jahrhundert zeigen sich die aufgeklärten Geister noch optimistischer als die Jesuiten: Sie lehnen die Erbsünde ab, da sie nur ein Mythos sei. Tatsächlich entsteht unter dem Deckmantel des Rationalismus und des Humanismus ein neuer Mythos, beglaubigt etwa durch *Robinson Crusoe* oder durch den *Emile* von Rousseau: Der Mensch sei von Natur aus im Vollbesitz seiner selbst – wobei »von Natur aus« hier heißt: vor seiner sozialen Existenz. Der natürliche Zustand des Menschen, sein ursprüngliches »in der Welt Sein« sei ein »in der Welt der Dinge Sein«, was ihm erlaube, sich frei seines Willens und seiner Vernunft zu bedienen. In den anschließend mit seinesgleichen geknüpften Beziehungen könne der Mensch die in seinem Bezug zu den Dingen erworbene Kontrolle aufrechterhalten. Auf dergleichen Vorstellung des Menschen baut das moderne Denken auf. Sie findet sich ebenso in den Philosophien der Subjektautonomie wieder wie im ökonomischen Denken.

Doch auch wenn die Erzählung von der Erbsünde mittlerweile niemanden mehr überzeugt, so wäre es verfehlt anzunehmen, dass deshalb zugleich die Anthropologie des Heiligen Augustinus, der Jansenisten oder eines Hobbes überholt sei. Deren Sichtweise bleibt erhellend und intellektuell fruchtbar. Man denke nur an René Girard, der so augustinianisch ist wie Hobbes und die Jansenisten – mit dem Unterschied, dass er sich mehr für die Rivalitäten interessiert, die vom Begehren eines von anderen begehrten Objekts erzeugt werden, als für jene, die in der Eigenliebe gründen. Nicht zu vergessen, dass auch die psychoanalytische Erkundung des Begehrens zu Konzepten geführt hat, die denen des Augustinus verwandt sind. So setzt etwa Lacan »Begehren« und »Bedarf« in Opposition. Letzterem entspricht ein materielles Objekt, das den Bedarf befriedigt, während das Begehren grundsätzlich zwischen Subjekten in Erscheinung tritt und ohne adäquates Objekt: Es bezieht sich auf Objekte, deren Wert sich durch das Begehren der anderen ergibt; auf Objekte also, die ihre Substanz aus der Sprache ziehen, aus der Kultur, aus dem Phantasma, und die folglich das Begehren nie »wirklich« stillen können, welches sich zudem von einem Objekt auf das nächste überträgt und grenzenlos ist.

Doch selbst wenn ein Handelsgut einem Bedürfnis entspricht (vor Kälte schützende Kleider, durstlöschende Getränke), so ist es doch immer auch ein Objekt der Begierde. Das heißt: Es ist nicht unabhängig vom Wunsch zu existieren, welcher seinerseits zu großen Teilen dem Begehren entspricht, im Geist der anderen zu existieren – sei es mit ihnen oder gegen sie. Selbst der härtest gesottene Vertreter des *rational choice* entkommt nicht dem mimetischen Begehren. Wir sind – oft ohne es zu wissen – einer Notwendigkeit unterworfen: dem Gefühl zu entkommen, nichts zu sein. Folglich verstricken wir uns alle in die Seinsweisen, in die Lebensformen, in die Werteskalen, die jeweils in unserer soziokulturellen Umgebung Geltung haben. (Daraus nähren sich Werbung und Marketing.)

Warum tauschen, wenn man auch nehmen kann?

Die angewandten Wirtschaftswissenschaften beschäftigen sich zu einem Großteil mit der Evaluierung der Güter und dem Vergleich der Preise. Wer aber Preis sagt, meint Tausch. Dabei ist der Tausch, ich habe bereits eingangs darauf verwiesen, nur eine der Modalitäten der Güterzirkulation. Während des überwiegenden Teils der Geschichte der Menschheit hatte der Handel kaum einen Platz in den ökonomischen Aktivitäten, welche auf den Techniken der Jagd und des Sammelns beruhten und sich durch Entnahme und Teilhabe vollzogen. Man »entnahm« außerhalb der Gruppe, in der Umgebung, gegebenenfalls aber auch bei anderen Gruppen, und man teilte mit allen, denen man sich verbunden fühlte. Die ökonomischen Aktivitäten haben sich folglich entlang einer unaufhörlichen Spannungslinie zwischen zwei entgegengesetzten Polen entwickelt: dem Raub und der Teilung – der Suche nach persönlichem Profit auf Kosten anderer oder jener nach Gemeingut. Sich vorzustellen, die Ökonomie gründe im Tausch, heißt, einen Teil für das Ganze zu halten. Die Bandbreite ökonomischen und relationalen Verhaltens spannt sich von Raub und Entnahme von Abgaben bis hin zu Praktiken der Gabe und der Weitergabe – mit einer Zwischenzone, in der mehr oder weniger Annahmen von Gerechtigkeit und Wechselseitigkeit gelten. Der Austausch von Handelsware ist in dieser Zwischenzone angesiedelt, die aber auch den Austausch nicht handelbarer Güter und Formen der Teilhabe umfasst.

Ob nun Entnahme aus der natürlichen Umgebung oder Abgabenerhebung in einer Population: Beides spielte und spielt immer noch eine erhebliche Rolle bei den ökonomischen Aktivitäten. Die Abgaben können gerecht sein. Bei der progressiven Einkommensteuer ist das im Kern etwa der Fall: Erstens stehen die erhobenen Summen in einem Verhältnis zu den Einkommen, und zweitens wird der Ertrag umverteilt in Form von Dienstleistungen und öffentlichen Gütern.

Es gibt allerdings auch Abgaben, die es einer Gruppe erlauben, sich auf Kosten einer anderen zu bereichern – diese werden gemeinhin von mehr oder weniger kleptokratischen Institutionen erhoben, die aus der Politik, Religion, dem Militär oder der Wirtschaft stammen, welche diese Steuern oder Tribute naturgemäß als gerechtfertigt bezeichnen.

Abgaben können auch rein räuberisch sein. Man bezeichnet sie dann als Plünderung, als Raubzug, als Schutzgelderpressung, als Enteignung ohne Entschädigung, als Versklavung, als Zwangsarbeit – alles ökonomische Praktiken, denen sich die Menschheit im Lauf ihrer Geschichte ausführlich gewidmet hat. So wurden schon in vorgeschichtlicher Zeit einige Tierarten, die dem Menschen zu sehr trauten, von Jägerpopulationen ausgerottet; später waren es Gruppen von Menschen, die von anderen massakriert oder unterjocht wurden. Wirtschaftsgeschichte und Militärgeschichte sind innig verbunden. Jene Millionen von Sklaven, die im Laufe der Jahrhunderte das Mittelmeer, die Sahara oder den Atlantik durchquert haben, handelten wohl kaum freiwillig. Ein Staat kann dank seines Wohlstands zu militärischer Stärke gelangen, kann sich dabei aber auch in ein Imperium verwandeln, das sich gewaltsam bereichert. Dabei steht er durchaus in der langen Tradition der Jäger und Sammler, allein der Maßstab der Zerstörung vergrößert sich erheblich. Der Profit bemisst sich dabei nicht mehr nur am erworbenen Reichtum, sondern auch am bloßen Genuss seiner Macht und seiner Dominanz.

Selbstverständlich kann der Austausch, wie alle anderen zwiespältigen Formen von Abgabe oder Teilhabe, ungerecht sein, auch wenn er per definitionem das Gegenteil von Raub ist – das ist immer dann der Fall, wenn die eine Seite in einer Machtposition gegenüber der anderen ist.

Diese Betrachtungen ermuntern nicht gerade zu Optimismus, stehen sie doch scheinbar im Widerspruch zum Gedanken, das Leben in Gesellschaft berge für jeden Einzelnen von uns eine ontologische Tragweite. Dieser Gedanke setzt tatsächlich voraus, dass unser Begehren zu existieren sich durch die Teilnahme am Leben in Gesellschaft verwirklicht, also an einem Allgemeingut. Dabei zeigen die eben erwähnten Vorgänge vielmehr, dass wir gern auf Kosten anderer für unser Wohl sorgen, sei es auf Kosten des Gemeinwohls oder der Umwelt.

Ja. Die Koexistenz ist die Quelle der Existenz des Selbst. Das heißt selbstverständlich aber nicht, dass die Formen der Koexistenz in ihrer jeweiligen Ausprägung pazifistisch wären. Ein Schimpanse kann ohne soziale Bindungen nicht leben; daher sucht er in ihnen seinen Platz, was ihn manchmal in blutige Konflikte verstrickt. Das menschliche Begehren ist um nichts weniger ambivalent. Es steckt in der Spannung zwischen zwei Polen fest. Einerseits heißt »existieren«, etwas mit anderen zu tun, mit ihnen zu sein, mit ihnen verbunden zu sein, sodass wir aus dem Wunsch heraus, einen Platz inmitten der anderen zu haben, die damit einhergehenden Begrenzungen akzeptieren und uns anstrengen, die Form der Koexistenz zu wahren, von der wir ja profitieren. Andererseits ist das Gefühl des Selbst bedingungslos und absolut, sodass wir uns von allem zu befreien wünschen, was uns beschränkt, und unser Sein unbegrenzt ausdehnen wollen, was nur auf Kosten der anderen und der kollektiven Güter geht.

Aus dieser Spannung heraus gehen wir, meist ohne es wahrzunehmen, Kompromisse ein. Die Kultur, der wir angehören, bringt uns dazu, Seinsweisen zu verinnerlichen, die bestimmte Formen des Kompromisses zwischen den beiden Polen implizieren: Kompromisse, welche ein mehr oder weniger hohes Maß an Gewalt erlauben und die mehr oder weniger förderlich und mehr oder weniger vorteilhaft für das Gemeinwohl sind. Es ist möglich, dass eine ganze Gesellschaft über Jahrhunderte hinweg an einer Form des Kompromisses festhält, dessen Vorteile nur um einen erstaunlich hohen Preis an Leid und Zerstörung zu haben sind, und sich dennoch unfähig erweist, sich nach einem weniger kostspieligen Kompromiss zu orientieren.

Eine der am häufigsten praktizierten Formen des Kompromisses besteht darin, dass man, um zu existieren, befriedete Bindungen mit jenen unterhält, denen man nahesteht und zugleich mehr oder weniger brutal Individuen und Gruppen ausbeutet, von denen man durch eine je bestimmte soziale Distanz getrennt ist. Ein räuberisches Verhalten legt man jenen gegenüber an den Tag, denen man sich wenig oder gar nicht zugehörig fühlt, während man mit jenen, denen man sozial oder persönlich verbunden ist, von Wechselseitigkeit und sogar Großzügigkeit geprägte Beziehungen unterhält. So mag etwa eine soziale Klasse ihren Wohlstand dem Mehrwert verdanken, den ihr die Ausbeutung einer anderen Klasse ermöglicht, der sie sich nicht verbunden fühlt – was ihr dann unter Angehörigen der selben Klasse erlaubt, freundschaftlichen Handel zu treiben. Ein Imperium wird die Reichtümer von seiner Peripherie (wo sie ohne Skrupel entnommen werden) ins Zentrum umleiten, um sie dann innerhalb von mehr oder weniger verbundenen sozialen Gruppen zu verteilen und zu tauschen und so deren Zusammenhalt und deren Wohlbefinden zu unterhalten und zu stärken.

Die Grundzüge einer »allgemeinen Ökonomie«, wie ich sie hier skizziert habe, unterscheiden sich erheblich von jenem Modell, das uns in seiner Beschränkung auf die Marktwirtschaft die Handelnden als gleich vor dem Markt vorstellt und als gleichermaßen den Gesetzen des Handels unterworfen. Der Grund dafür ist, dass in einer »allgemeinen Ökonomie« materielle Güter und psychische Existenzweisen zusammengedacht werden. Betrachtet man die Dinge global, so stellt man fest, dass die Güterzirkulation stark von Beziehungsmustern der Zugehörigkeit oder eben der Nicht-Zugehörigkeit beeinflusst wird, die zwischen unterschiedlichen Gruppen bestehen. Andererseits erzeugen auch die Modalitäten der Güterzirkulation eine Wirkung auf das Beziehungsgeflecht von Zugehörigkeit oder Nicht-Zugehörigkeit: Sie bestätigen es, sie modifizieren es, oder sie zerreißen es.

Die Beschreibung, die ich hier vorgeschlagen habe, setzt ein deutlich weniger aseptisches Menschenbild voraus als jenes, das dem modernen Denken und insbesondere der orthodoxen Ökonomie zugrunde liegt.

Der Mensch beschränkt sich nicht von selbst

Der Gedanke, dass die Märkte sich von selbst regulieren und spontan um ein Gleichgewicht herum oszillieren, als seien sie gesteuert von einer »unsichtbaren Hand«, ist beruhigend. Beruhigend, weil er einen Verständnisrahmen bietet und es in einem gewissen Maß erlaubt, die Entwicklung der ökonomischen Aktivitäten zu antizipieren. Beruhigend aber auch, weil er suggeriert, dass ökonomische Akteure nicht nur *rational* in ihrem Kalkül sind, sondern auch noch *vernünftig* in ihrem Begehren.

Wenn man jedoch, wie beschrieben, das von wirtschaftlichem Austausch bestimmte Tätigkeitsfeld in ein weiter gefasstes ökonomisches Feld einordnet, dann stellt man im Gegenteil fest, dass die »rationalen Akteure« deshalb noch lange nicht vernünftig sind. Sie können genauso gut gierig sein und grausam. Sie können von jener Maßlosigkeit getrieben sein, die die Griechen *Hybris* nannten. Es ist ein Irrtum zu glauben, dass, wer rational handelt, nicht leidenschaftlich ist. Organismen leben dank ihrer extrem komplexen und unfassbar abgestimmten Beschaffenheit. Aber das Leben selbst hat nichts Rationales. Es entfaltet sich wie eine blinde Kraft. Einfach so. Ohne anderen Zweck als es selbst. Gleiches gilt für die ökonomische

Aktivität, die unseren Planeten überzieht. Sie ist eine Form des Lebens. Sie gehorcht einem blinden Drang. Die Menschen versuchen nicht nur als Konsumenten, ein Gefühl der Einsamkeit zu lindern, der Langeweile zu entkommen, oder die Leere zu füllen, die jedes Bewusstsein seiner selbst befällt. Sie tun das auch als Unternehmer oder als Finanziers. Sie räsonieren, kalkulieren, manipulieren (bei Gelegenheit auch Konsumenten) und bereichern sich so. Doch ihre Begierde nach Reichtum ist nicht rationaler als die Konsumsucht. Reich zu sein, ist eine Möglichkeit, mehr zu genießen, mehr im Geiste der anderen zu existieren. Es ist eine Form der Ausdehnung des Ich. Und da das Ich sich als grenzenlos vorstellt, einem Gott gleich oder einem Herren der Welt, ist grenzenlos auch das Begehren.

Die ökonomischen Akteure mögen noch so sehr utilitaristisch in ihrer Denkweise und ihrer Weltsicht sein – in der Praxis nehmen sie dennoch an einem Spiel Teil, das weit über Fragen des Nutzens hinausgeht. Doch Rationalität, Kompetenz, Fachwissen und Ernsthaftigkeit verbergen die Grenzenlosigkeit des Begehrens vor den Augen derer, die davon beseelt sind. Indem sie an ihre eigene Rationalität glauben, verkennen sie sich; so übersehen sie ihr Begehren und werden von ihm getrieben, ohne es zu bemerken. Sie verfolgen bewusst ihre Interessen und berechnen sie. Doch ändert das nichts an der Tatsache, dass diese Interessen sich selbst auf dem Feld eines planetarischen Spiels ausbilden und sich verändern; ein Spiel, an dem alle ökonomischen Akteure teilnehmen, das aber keiner beherrscht. Aus einem doppelten Druck, der sich dadurch aufbaut, dass individuelles Begehren immer in ein kollektives Spiel eingebettet ist, ergibt sich die Hybris. Um zu gewinnen oder auch nur zu überleben, muss man sich auf den Reigen gegenseitiger mimetischer Überbietung einlassen. So kann ein Akteur, auch wenn er aus rationalem Kalkül handelt, nicht verhindern, dass sich das, was für ihn begehrenswert ist, immer enger verzahnt mit dem, was die anderen Spieler begehren; so kommt es, dass er schließlich nicht mehr frei ist, sich eigenständige Bewertungen zu bilden: Er ist gezwungen, mit den anderen zu rivalisieren und so zu handeln wie sie. André Orléan hat die autoreferenzielle Funktionsweise der Finanzmärkte analysiert: die Tatsache nämlich, dass der Wert eines Wertpapiers in hohem Maße vom Glauben abhängt, den die Akteure an seinen Wert haben. Er zeigte damit, dass diese Märkte, auch wenn sie mit rationalem Kalkül operieren, dennoch auf völlig irrationale Weise in zerstörerische Prozesse getrieben werden können.

Es handelt sich hierbei um eine Dimension der *Conditio humana*, welche die griechische Tragödie in bemerkenswerter Klarheit durchdrungen hat: Sie zeigt, wie das Begehren unwissentlich seiner eigenen Grenzenlosigkeit nachgibt, sobald ein Beziehungsspiel der Rivalität, Rache und Überbietung die Notwendigkeit, im Geiste der anderen zu existieren, beherrscht. So verwandelt das allgemeine Rennen um Wachstum in Verbindung mit der Unmöglichkeit für wirtschaftliche Akteure, sich dem Spiel der Konkurrenz zu entziehen, die Ökonomie in einen ebenso blinden Prozess, wie es in der Vergangenheit andere »Spiele« waren, die die gesellschaftliche Verwirklichung des Begehrens zu existieren beherrschten. Wenn das Spiel, das es zu spielen galt, der Krieg war, die Eroberung und die Waffengewalt, dann war es rational, sich als Krieger zu geben, war es rational, gigantische Summen in die Rüstungsproduktion zu stecken, und als Ergebnis waren unermessliche Zerstörungen unvermeidbar.

Da soziale Mechanismen immer Macht-, Konkurrenz- und Rivalitätsverhältnisse implizieren, ist das Risiko, dass sich zerstörerische Prozesse in Gang setzen, nie ausgeschlossen. So greifen menschliche Gesellschaften mehr oder weniger erfolgreich auf Institutionen, Praktiken und Seinsweisen zurück, die verhindern sollen, dass die Expansion der Kräfte und der Begierden in Gewalt umschlägt. Manche Modalitäten der Regulierung lassen sich schon in den Affengesellschaften beobachten. In den menschlichen Gesellschaften formen sie sich auf der Ebene von Gruppen, Stämmen, Staaten oder gar international. Um zu vermitteln, zu mäßigen, zu koordinieren, einen Rahmen zu geben und die Energien und Aktivitäten im Zaum zu halten, konstituieren sich diese Instanzen als eine bindende Macht. Sie kann lähmend, unterdrückend oder parasitär wirken; sie kann aber auch dazu beitragen, die Vorgänge, auf die sie einwirkt, überhaupt erst zu ermöglichen, und so für sie vorteilhaft sein. So steht die interne Organisation von Unternehmen im Gegensatz zur spontanen und ungeplanten Funktionsweise des Konkurrenzmarktes: Ihre Abläufe sind sorgfältig koordiniert, geplant und einer durchdachten Kontrolle unterworfen; in dieser Hinsicht ähneln Unternehmen dem Staat. Die globale Leistungsfähigkeit der Ökonomie ergibt sich aus der Kombination von Spontanem und Geplantem, von freien Initiativen und deren abgestimmter Einhegung.

Wenn es aber eine Synergie gibt zwischen dem Staat und den Unternehmen, so hat diese nichts von einer Idylle – vielmehr gibt es wie im Leben eines jeden Paares sowohl Groll als auch utopische Träumereien. Die Idee eines Kapitalismus ohne Staat ist ein Mythos, an den übrigens kein einziger Vorstandsvorsitzender glaubt (insbesondere, wenn er den Staat als Kunden hat). Und Beamte, die eine negative Sicht auf den Kapitalismus pflegen, vergessen (mit einer gewissen Undankbarkeit), inwieweit ihr tägliches Leben an den Gütern hängt, die dieser ihnen zur Verfügung stellt. Gestaltet sich aber die Beziehung zwischen Privat und Staatlich besonders harmonisch, dann steigt die Wahrscheinlichkeit, dass dieses Einverständnis auf Kosten des Gemeinwohls und zum Vorteil der Mächtigen hergestellt wird.

Eine der Aufgaben des Staates liegt darin, die ökonomischen Akteure so wie die einfachen Bürger vor ihrer Neigung zu einem »immer mehr« zu schützen, welche letztlich jede Form der Koexistenz zerstören würde. Zwei Zugänge zur Regulierung des Kapitalismus lassen sich unterscheiden: Der eine will ausschließlich seine Schwachstellen korrigieren, auf dass er im Wesentlichen gleich bleiben könne (die infolge von Enron und vergleichbaren anderen Affären eingeführten Kontrollmechanismen sind ein gutes Beispiel dafür). Der andere zielt jenseits der wirtschaftlichen Gesundheit auf das Gemeinwohl.

Um das Gemeinwohl in den Blick zu nehmen, bedarf es einer Vorstellung dessen, was eine gute Gesellschaft ist. Eine solche Vorstellung lässt sich auf zweierlei Weise rechtfertigen. Zum einen, indem man sich auf die »Werte« bezieht, um die herum sich der größtmögliche Konsens gebildet hat: Freiheit, Gerechtigkeit, Demokratie, Menschenrechte und so weiter. Zum anderen, indem man sich rückbesinnt auf die Fragen »Was ist der Mensch?« und »Was ist Gesellschaft?«, um daraus abzuleiten, was eine gute Gesellschaft denn ist. Wie schon skizziert, haben neue Erkenntnisse unseren Wissensstand verändert und bieten neue Antworten auf diese Fragen der Allgemeinen Anthropologie. Bleibt zu erläutern, wie dieser neue Wissensstand es ermöglicht, das, was eine gute Gesellschaft ausmacht, anders zu denken.

10
Warum individuelle Rechte und Justiz für den Entwurf einer guten Gesellschaft nicht hinreichend sind

In der westlichen Moderne fußt die Reflexion über die Kriterien für eine gute Gesellschaft auf dem Glauben, das Individuum gehe der Gesellschaft voraus. Eine gute Gesellschaft definiert sich folglich als eine, die die »natürlichen« Rechte ihrer Mitglieder garantiert – die Rechte also, in deren Genuss jedes Individuum angeblich schon vor seinem Eintritt in die Gesellschaft kommt. Das Individuum ist frei geboren; die Gesellschaft hat daher die Freiheit ihrer Mitglieder zu garantieren. Da jeder Mensch einen absoluten Wert hat, sind die Menschen gleich; Gesellschaft hat folglich auf Gerechtigkeit zu gründen. »Die Ausübung der natürlichen Rechte eines jeden«, wie es in der Erklärung der Menschen- und Bürgerrechte von 1789 steht, hat folglich »keine Grenzen als jene, die den anderen Mitgliedern der Gesellschaft den Genuss der nämlichen Rechte gewähren«.

Der Westen – überzeugt wie eh und je, er sei im Besitz einer universalen Botschaft – sähe es gern, wenn die ganze Welt sein Konzept einer guten Gesellschaft übernähme. Er wäre sich seiner selbst zweifellos weniger sicher, wenn ihm bewusst würde, dass sein Konzept des Menschen und der Gesellschaft im Begriff ist, sich tiefgreifend zu verändern. Diese Veränderungen werden nicht daran rütteln, dass Gerechtigkeit und Freiheit grundlegende Kriterien einer guten Gesellschaft bleiben. Doch erstens wird Freiheit nicht mehr nur als individuelles Recht gedacht werden können; und zweitens werden Kriterien des Rechts nicht mehr hinreichen, um das Gemeinwohl zu definieren.

Um diese beiden Behauptungen zu belegen, sei zunächst auf die Schwierigkeiten verwiesen, auf die Autoren oder Politiker stoßen, die zwar versuchen, Alternativen vorzuschlagen, dabei aber der immer noch dominierenden Vorstellung von Mensch und Gesellschaft verhaftet bleiben.

Die Sozialisten teilen zahlreiche Vorannahmen mit ihren politischen Gegnern, weshalb ihre Bemühungen scheitern, sich von ihnen abzugrenzen. Wohl weisen sie auf die Bedeutung nicht handelbarer Güter hin; doch wenn es um die Frage des Zugangs geht, die jeder Einzelne zu diesen Gütern hat oder auch nicht, dann stellen sie sich diese als verteilbare Güter vor. So definierte etwa Michel Rocard 1991 in einer Rede die Gesellschaft als »ein umfassendes System von Gütern aller Arten – ökonomischen natürlich, aber auch sozialen, politischen und kulturellen«, und er fügte hinzu: »Die Frage ist, wie diese Güter verteilt werden können.« Die Sozialisten teilen mit ihren Gegnern die Überzeugung, Gesellschaft diene der Produktion von Gütern, die Objekt individueller Aneignung seien. Die tatsächliche Natur kollektiver Güter und folglich des Lebens in Gesellschaft entgeht ihnen (für eine Partei, die »Sozial« im Namen trägt, ein schwerer Lapsus!). Sie unterscheiden sich von ihren Gegnern eigentlich nur in der Frage der Umverteilung der Güter, die für sie egalitärer zu sein hat. Dieses ehrenwerte Anliegen äußert sich in der Regel im Insistieren auf Sozialpolitik. So lässt sich jedoch nicht zu einer alternativen Sichtweise gelangen. Dazu bedürfte es einer erneuerten Konzeption von Mensch und Gesellschaft.

Auch die Bemühungen des Ökonomen Amartya Sen, dem neoliberalen Rahmen zu entkommen, stoßen sich an ebendieser Problematik. Für ihn sollte das Ziel von Ökonomie nicht nur sein, Reichtümer zu produzieren, sondern auch viel grundsätzlicher den Mitgliedern der Gesellschaft zu ermöglichen, ein »gutes Leben« zu genießen. Diesbezüglich hält er fest, dass die negative Freiheit (also nicht unter den Zwängen anderer zu stehen) virtuell bleibt, wenn sie nicht gedoppelt wird mit der positiven Freiheit, die aus den Fähigkeiten und Möglichkeiten eines jeden Einzelnen besteht. Folglich betont er insbesondere die Bedeutung nicht handelbarer Güter wie Bildung und Gesundheit. Diesbezüglich ist ihm kaum zu widersprechen. Doch eine Schwierigkeit bleibt. Sen erkennt zwar, dass ein »gutes Leben« nur in einer sozialen Existenz möglich ist; doch die wesentlichen Möglichkeiten, die den Genuss wirklicher Freiheit erlauben, definiert er weiterhin als ein Kapital, das sich jeder Einzelne aneignen würde. Gesundheit mag tatsächlich ein individuelles Gut sein, über den Genuss einer sozialen Existenz lässt sich das aber schon weniger sagen. Die positive Freiheit (die ich definieren würde als die Gesamtheit der Möglichkeiten, seine physische und psychische Existenz auf dem Feld des Lebens in der Gesellschaft sicher zu stellen) wird natürlich individuell erlebt; es handelt sich aber dennoch nicht um ein Gut, das sich verteilen ließe, aus dem einfachen Grund, dass *sich ein solches Gut nur herstellt, wenn man es zu mehreren genießt.*

Das Vergnügen, das ein angeregtes Gespräch erzeugt, eine Mahlzeit unter Freunden, eine gute Arbeitsatmosphäre, eine lebenswerte Stadt, eine Teilhabe an jeglicher Form von Kultur (beruflich, künstlerisch, sportlich usw.), mithin die gesamte Bandbreite der Beziehungen mit den anderen – all das konkretisiert Amartya Sens Gedanken einer positiven oder substanziellen Freiheit. Diese kollektiven Güter ohne Warencharakter zeichnen sich durch die Tatsache aus, dass sie ausschließlich zu mehreren erlebt werden können. So stützen sie die Existenz des Selbst und gleichzeitig das Zusammensein. Sie sind konkrete Manifestationen des Lebens in Gesellschaft und der Kultur, die darüber weitergegeben wird.

Dabei sind die kollektiven Güter jedoch nicht von der Wirtschaft unabhängig – sie stehen nicht im Widerspruch zueinander wie etwa das Spirituelle und das Materielle. Wenn, wie schon beschrieben, der Gebrauchswert eines Handelsgutes sich erst daraus ergibt, dass dieses sich an nicht handelbare Güter anschließt, also an das Leben in Gesellschaft, dann gilt dies umgekehrt auch: Kollektive Güter ohne Warencharakter bedürfen für ihre Verwirklichung ökonomischer Güter (die Musik entsteht durch Instrumente, eine saubere Luft durch kostspielige Maßnahmen, die Geselligkeit durch ein gemeinsames Essen), kurz: die Pflege der Beziehungen zu anderen durch etwas, das sie miteinander unternehmen können.

Hier stoßen wir unmittelbar an die Grenzen der traditionellen Auffassung von Gesellschaft. Gesteht man nämlich zu, wie Sen es tut, dass die Menschen sich nur verwirklichen, sich also des Gefühls zu existieren erfreuen können, wenn sie am Leben in Gesellschaft teilnehmen, dann ist das Geständnis unvermeidbar, dass das Leben in Gesellschaft nicht auf ein *Mittel* reduzierbar ist (die menschengemachte Organisation von Produktion und Distribution der Güter), sondern dass es einen *Zweck an sich* darstellt. Eben weil es das natürliche vitale Milieu bildet, in welchem und durch welches der Mensch existent wird, gilt der Satz: *Das Leben in Gesellschaft ist das kollektive Gut schlechthin.*

Das Primärgut der Existenz des Selbst eines jeden und das Kollektivgut des Lebens in Gesellschaft sind die zwei Seiten ein und derselben Medaille: der Wirklichkeit, welche also die paradoxe Eigenschaft hat, zugleich kollektiv und konstitutiv für den Einzelnen zu sein. Mentaler Raum und sozialer Raum sind ineinander verdreht wie eine Möbius-Schleife. Die Sprache, die wir alle verinnerlichen ist die notwendige Vorbedingung, damit wir als unseres Selbst bewusste Personen existieren. Zugleich existiert Sprache nur in ihrer kollektiven Zirkulation und Transmission. Auch das Geld ist ein Gut, das zwar jeder als Einzelner besitzt, das aber nur Wert hat, weil es kollektiv zirkuliert. Gleiches gilt genau betrachtet auch für die Lufthülle, die unseren Planeten umgibt und das Blut jedes Einzelnen von uns mit Sauerstoff versorgt; oder für die Musik, für die Küche, und für alle Güter und Praktiken, die eine Kultur formen: Es sind unteilbare

Güter. Sie gehören allen und niemandem. Sie existieren nur durch ihre Transmission und Zirkulation. Und zugleich sind sie für jedes Individuum eine Quelle des Lebens und der Verwirklichung seines Selbst.

Im Grunde aber stößt das ökonomische Gedankengebäude von Amartya Sen auf die gleiche Schwierigkeit wie die *Theorie der Gerechtigkeit* von John Rawls auf dem Feld der politischen Philosophie. Denn auch er entkommt in seiner Definition einer guten Gesellschaft nicht dem traditionellen Konzept, demzufolge das Individuum der Gesellschaft vorausgehe, weshalb Letztere auf dem Staat und seiner Verfassung beruhe. Eine gute Gesellschaft ist für ihn eine, die jedem ihrer Mitglieder gleichermaßen den Genuss der »Primärgüter« gewährt: jener Güter, die für jeden Menschen jenseits seiner konkreten Lebensauffassung begehrenswert sind. In den Augen von Rawls ist das wichtigste dieser Primärgüter die Achtung und Respektierung des Selbst. Nun ist es klar, dass ein Staat, wie fein austariert seine Justiz und die damit einhergehenden Garantien für seine Bürger auch seien, ein derartiges Gut nicht von sich aus produzieren kann. Die Achtung und Respektierung des Selbst – radikal betrachtet also: die Existenz des Selbst – setzen die Existenz von Formen des Soziallebens und der Kultur voraus, die Koexistenz und wechselseitige Anerkennung ermöglichen. Der Staat kann diese Lebensformen natürlich begünstigen und unterstützen, erschaffen kann er sie jedoch nicht – ebenso wenig wie der Gärtner jene Pflanzen schafft, die dennoch seiner Pflege bedürfen. Diese Lebensformen, die die Quelle der Existenz des Selbst bilden, können auch nicht gerecht in gleiche

Teile zerlegt und (um)verteilt werden. Sie sind eben nicht aufteilbar, sondern nur zu mehreren teilbar. Das genau macht ihren Wert für jeden Einzelnen aus, der in ihren Genuss kommt. Rawls übersieht schlichtweg die Tatsache, dass *das Leben in Gesellschaft selbst ein Primärgut ist*; anders gesagt, dass *die Beziehung zwischen den Individuen ihrer Existenz vorausgeht und deren Ursprung ist.*

Das soll nicht heißen, das Kriterium der Gerechtigkeit wäre zweitrangig. Im Verlauf einer Unterhaltung – das Paradebeispiel eines nicht handelbaren kollektiven Gutes – mag einer der Gesprächspartner versuchen, sich vorzudrängen, das Gespräch an sich zu reißen, sich auf Kosten anderer in Szene zu setzen. Der Nutzen, den jeder Einzelne für seine Selbstachtung und sein Gefühl zu existieren aus einer Unterhaltung zieht, kann also ungleich sein. Es spielt durchaus eine Rolle, dass jeder Gesprächsteilnehmer auf Gleichheit und Gerechtigkeit achtet und Rücksicht auf die anderen nimmt. Das ändert aber nichts daran, dass sich die Konversation selbst, ihre Spontaneität, ihr Inhalt, ihr interessanter oder amüsanter Charakter primär aus einer Sorge um Gerechtigkeit ergibt.

Ich hoffe, verständlich zu machen, warum das Kriterium der Gerechtigkeit für die Konzeption einer guten Gesellschaft nicht hinreichend ist. Und warum Freiheit sich nicht nur aus der Garantie der individuellen Rechte ergibt, sondern auch aus den tatsächlichen Möglichkeiten der Teilhabe an Formen des sozialen Lebens und der Kultur. Es wird so auch besser sichtbar, warum selbst im Rahmen einer liberalen Demokratie der Ökonomismus und die Expansion des Kapitalismus nicht notwendigerweise zur bestmöglichen Gesellschaft führen. Es geht nicht nur darum, die vom Kapitalismus produzierten Reichtümer besser umzuverteilen; es geht viel grundsätzlicher darum zu vermeiden, dass die ökonomischen Aktivitäten, die aufgrund ihres lebenswichtigen Charakters immer im Zentrum der Sorgen stehen, nicht, wie es heute der Fall ist, dazu führen, die »Ökonomie der Personen« zu unterschätzen, anders gesagt die ontologische Tragweite des Lebens in Gesellschaft und der psychischen Existenz, die dieses ihren Mitgliedern gewährt. Die Politik hat sich nicht nur mit Wirtschaft, Verwaltung und Recht zu beschäftigen: Ihre Aufgabe ist ganz grundsätzlich, auf die sozialen Formen der Koexistenz zu achten (die ja in Verbindung mit den materiellen Ressourcen die Basis der Existenz der Bürger bilden), sie zu verbessern, und mit den Spannungen umzugehen, die ohne Unterlass dazu tendieren, diese Formen der Koexistenz zu spalten oder zu unterhöhlen.

Doch auch wenn die soziale Existenz für uns so lebenswichtig ist wie die Luft zum Atmen, so sind dennoch die materiellen Ressourcen ihrerseits ebenso wichtig. Der Ostblock und der Einfluss des Marxismus stellten einst eine Kraft dar, mit der die Reichen und Mächtigen rechnen mussten. Heute hält sie nichts mehr zurück. So explodieren die Gehälter der Topmanager, während Millionen von Menschen aus Mangel an Ressourcen zu einer miserablen Existenz verdammt sind. In einer Epoche, in der die von der Menschheit produzierten Reichtümer üppiger sind als jemals zuvor, ist diese Tatsache nicht nur schockierend. Sie ist skandalös. Muss ich befürchten, dass mein Insistieren auf die ontologische Tragweite des Lebens in Gesellschaft dazu führt, dass das Kriterium der Gerechtigkeit vernachlässigt wird?

Das denke ich nicht. Im Gegenteil lässt sich so zu einer erweiterten Konzeption von Gerechtigkeit finden. Die Sorge um Gerechtigkeit darf sich nicht in eine ökonomistische und individualistische Auffassung von Gesellschaft einsperren lassen.

So hat materielle Ungleichheit nicht nur materielle Gründe, und das Elend, an dem Millionen Menschen leiden, ist nicht nur ein materielles. Sicher sind die Ungleichheiten der Einkommen so himmelschreiend, dass sie besonders sichtbar sind; das ist aber kein Grund, die Verknüpfung mit anderen Dimensionen der sozialen Existenz zu übersehen – auch wenn unsere Werkzeuge der Erkenntnis noch zu stumpf für eine genaue Beschreibung dieser Dimensionen sind, welche die intergenerationelle Zirkulation und Transmission nicht ökonomischer Güter einschließen, die sich wohl wesentlich für die Unterstützung der Existenz des Selbst und der Beziehungen mit den anderen sind (die ökonomischen Beziehungen übrigens eingeschlossen). Wie es Entwicklungsökonomen schon ausführlich dargelegt haben, kann sich eine Verbesserung des materiellen Lebens nicht vollziehen, wenn nicht die in den betreffenden Bevölkerungen jeweils praktizierten Existenz- und Koexistenzweisen mit einbezogen werden (so ist Entwicklung etwa nicht ohne Bildung für Mädchen zu haben, was einen sofort mit den jeweiligen kulturellen Grundlagen weiblicher und männlicher Identität konfrontiert). Entsprechend reicht auch kein verbesserter Zugang zu Handelsgütern, um die Schwierigkeit der Integration in eine Gesellschaft und der Existenz in ihr zu lösen (wie es zahlreiche Studien zu Immigranten der zweiten Generation sowohl in den USA als auch in Europa zeigen).

Es sei auch daran erinnert, dass sich Ungerechtigkeit aus der Gleichgültigkeit gegenüber den anderen speist, aus der Unfähigkeit oder der Weigerung, sich vorzustellen, wie diese ihr Leben erleben. Wenn also ein politisches Denken die psychische Existenz der anderen mit einbezieht und nicht nur deren materielle Existenz, ihr erlebtes Leiden und nicht nur ihr Einkommensniveau, dann muss es das Gefühl der Zugehörigkeit wachrütteln und folglich den Wunsch nach Gerechtigkeit.

Die Forderung nach Gerechtigkeit ist schließlich nicht allein in der Logik individueller Rechte begründet. Gerechtigkeit heißt nicht nur, jedem zu geben, was ihm zusteht. Sie ist vielmehr untrennbar von der Forderung nach Gleichheit, ohne die die Beziehungen der Koexistenz kollabieren würden. In diesem Sinne trägt die Justiz zum Leben in der Gesellschaft bei, da sie ein Gemeingut darstellt, das allen und auch den Einzelnen nützt. In der Praxis lässt sich die Forderung nach Gerechtigkeit aber nicht von den Schwierigkeiten der Koexistenz trennen, die die Menschheit auszeichnen. Auf das Recht wird sich immer berufen, wenn es um Kräfteverhältnisse und Konflikte und Verhandlungen geht. Es gibt aber Fälle, wo der Bezug auf das, was Recht ist, nicht ausreicht, um eine friedliche Koexistenz wieder herzustellen. Nicht immer lassen sich Konflikte letztlich auf Interessenskonflikte reduzieren, was zur Folge hat, dass auch Vorstellungen von Recht und Gerechtigkeit kaum mehr greifen. Zu dieser Kategorie gehören die sogenannten »identitären« politischen Spannungen, für die die Polarisierungen um den 11. September herum ein schlagendes Beispiel sind.

In *Kampf der Kulturen* wollte Samuel Huntington ein neues Paradigma konstruieren mit dem Ziel, die Leere zu füllen, die das Ende des Kalten Krieges hinterlassen hatte. Doch wenn er am Ende seines Buches als Illustration des drohenden neuen Konflikttypus eine Auseinandersetzung zwischen den USA und China präsentiert, dann kann er sich die Herausforderung nicht anders vorstellen, als es uns der Ökonomismus gelehrt hat: Jedes der beiden Länder strebe nach der Kontrolle über die fossilen Ressourcen. Erkennt man aber anders als Huntington an, dass die Menschen gleichermaßen ihre psychische wie ihre materielle Existenz behaupten müssen, dann versteht man, dass die Repräsentationen, auf denen die Idee des Selbst basiert (eng mit der Lebensweise verknüpfte religiöse Überzeugungen etwa) eine ebenso beträchtliche Rolle spielen wie die Interessen ökonomischer Art. Werden sie von Millionen von Menschen geteilt, dann stellen solche Repräsentationen eine erhebliche Kraft dar. Wenn nun zwei Gruppen ihre Existenz auf Repräsentationen gründen, die untereinander unvereinbar sind, dann sind die Konflikte erwartbar. Dergleichen geschieht beispielsweise, wenn Menschen, die sich fest in ihrem Bezug auf ein einziges Buch verankert fühlen (die Bibel, der Koran, *Das Kapital*), auf andere stoßen, die sich in einer Kultur wohlfühlen, die ihre vitale Kraft vielmehr aus einer Vielzahl an Büchern zieht. Eine Verständigung ist in solchen Fällen umso schwieriger herzustellen, als jede der beiden Parteien ihr Existenzgefühl stützt, indem sie der anderen die Anerkennung verweigert.

11
Hin zu einem neuen sozialen Denken

Die westliche Kultur, daran habe ich eingangs erinnert, hat sich auf Basis einer Spaltung zweier Ebenen von Realität konstituiert: der irdischen Welt und der himmlischen Welt, der Immanenz und der Transzendenz, dem Materiellen und dem Spirituellen. Europa war Jahrhunderte hindurch eins mit dem Christentum und kannte ausschließlich theokratisch inspirierte Formen politischer Organisation. Die oberste Quelle von Autorität und sozialer Ordnung war transzendental. Der Papst, Nachfolger der römischen Kaiser, war der Stellvertreter Gottes auf Erden. Die Emanzipationsbewegung, die den Okzident seit der Renaissance antreibt, manifestierte sich folglich in einer Umkehrung (Demokratie statt von Oben verliehener Macht) und in einer Trennung (der von Politik und Religion). Doch auch wenn die Versöhnung mit der irdischen Welt erstrebenswert schien, so war es der Verzicht auf jegliche Form des Heils oder der Ganzheitlichkeit keinesfalls. Wäre nicht ein Gewinn auf der einen Ebene möglich, ohne die andere Ebene zu verlieren? Könnte man etwa nicht hoffen, dass sich der Gottesstaat schließlich auf Erden verwirklicht? Sollte der Mensch nicht vielleicht das von Gott übernehmen, was er in ihn projiziert hatte und als neuer Prometheus eine neu gestaltete Menschheit schmieden? Der Gedanke, der Kommunismus sei so etwas wie eine säkulare Religion, ist zu einem Gemeinplatz geworden. Die Analogie basiert im Wesentlichen auf dem im *Manifest für eine Kommunistische Partei* dargelegten Verständnis von Geschichte, welche dank einer finalen Konfrontation in eine strahlende Zukunft münden würde: Diese Sichtweise hat tatsächlich sowohl mit den alten Apokalypsen des Judentums als auch mit dem christlichen Versprechen eines Neuen Jerusalem zu tun.

Die liberalen Demokratien haben sich deutlich von solchen Glaubensgebilden abgegrenzt und denken daher, die große Emanzipationsbewegung vollendet zu haben. In diesem selbst verliehenen *Auftrag erledigt* bleibt aber nichtsdestoweniger ein blinder Fleck. Das revolutionäre Ideal mag hinter uns liegen, das okzidentale Konzept des Individuums bleibt aber prometheisch. Und bildet so, gleichfalls ohne es zu wissen, eine Art säkularer Religion. Die gegen einen patriarchalen Gott in Stellung gebrachte Autonomie ist weiterhin geprägt von Rivalität und bleibt folglich in einer Spiegelbeziehung stecken. Denn wenn es stimmt, dass der Mensch Gott nach seinem Bild geschaffen hat, dann muss er darauf verzichten, an die *Existenz* Gottes zu glauben, nicht aber an die *Idee* von Gott, insofern diese der Idee dessen entspricht, was eine *Person* ist. Um wiederzuerlangen, was der Mensch in Gott projiziert hat, muss man ihn in die Idee des Selbst integrieren. Eine Idee des Selbst als »Subjekt«, das heißt als Substanz, die aus sich selbst heraus existiert und als Quelle ihres Seins nur aus sich selbst speist. Die dieses »Subjekt« umgebende Welt betrifft also nicht dessen

Sein, sondern dessen Haben. Der Mensch findet sich so einer Welt gegenüber, die außerhalb von ihm liegt und derer er sich bedienen muss, um die Waren zu produzieren, die er für ein gutes Leben benötigt. Das Cartesianische Subjekt und der *Homo oeconomicus* sind die zwei Seiten ein und derselben Vorstellung des Selbst und der Gesellschaft. Diese Vorstellung hat das Denken dazu geführt, sich auf die Zirkulation handelbarer Güter zu fokussieren (Güter also, die man entweder *hat* oder eben *nicht hat*) und die Bedeutung der (im weitesten Sinne des Wortes) Güter zu unterschätzen, die dafür sorgen, dass man *ist*.

Diese Vorstellung wird durch die neuen Erkenntnisse der Evolutionsbiologie erschüttert, der Körperanthropologie, der Neurobiologie, der Primatologie, der Entwicklungspsychologie, der Sozialanthropologie und der Linguistik – mit Konsequenzen für das politische Denken. Heute geht es darum zu verstehen, dass das, was die Mitglieder einer Gesellschaft verbindet oder eben auch trennt, seinen Grund nicht nur in ökonomischen Interessen hat, sondern viel umfassender in allem, was die jeweiligen Lebensweisen stützt. Es gilt also, die Ökonomie als eine allgemeine (als eine Ökonomie der Personen) zu denken, die die Produktion und Zirkulation der unterschiedlichsten Güter berücksichtigt, dank derer die Menschen mehr schlecht als recht ihr Gefühl zu existieren stützen: handelbarer Güter natürlich, aber auch kollektiver Güter – seien sie nun materiell oder immateriell, auf die Umwelt bezogen oder auch kulturell. Die endlose Aufgabe der menschlichen Kulturen – nämlich dafür zu sorgen, dass da etwas ist und nicht vielmehr nichts –

beinhaltet daher eine spezifisch politische Dimension, eine Dimension, die sich weder auf Ökonomie noch auf Moral reduzieren lässt und die einer Aufmerksamkeit für alle Güter bedarf, die sowohl die sozialen Beziehungen als auch die Existenz des Selbst nähren. Diese Realitäten in einer Sprache der Ökonomie oder einer der Moral auszudrücken, hieße, sie so verquer zu denken, dass es deren spezifische Natur verkennen würde.

Zusammengefasst: Wir sind noch nicht am Ende jener Bewegung angelangt, die es dem Menschen erlauben wird, seinen Verpflichtungen auf dieser Erde nachzukommen. Diese Bewegung wird in eine post-prometheische Ära münden. In eine post-prometheische Ära einzutreten, heißt, auf die Haltung zu verzichten, die die Überheblichkeit des prometheischen Menschen gestützt hat: eine des Darüberstehens, und in Bezug auf die Umwelt, der »Äußerlichkeit« (im Hegelschen Sinn).

Was die *natürliche* Umgebung anbelangt, hat eine post-prometheische Denkweise bereits begonnen sich durchzusetzen – eine erste Schwelle scheint überschritten zu sein. Worte wie »Ökologie«, »Umweltschutz«, »Biodiversität« oder »nachhaltige Entwicklung« sind mittlerweile fester Bestandteil des politischen Vokabulars. Wenn die ökonomischen Akteure nur zögerlich die von ihnen verursachten Umweltkosten in ihre Rechnung aufnehmen, dann schuldet die Politik es den Bürgern, darauf zu achten. Den Reden folgen zwar nicht immer Taten; sie zeugen aber dennoch von einer Veränderung, oder vom Beginn einer Veränderung der Repräsentationen: Der Mensch dominiert nicht mehr sein natürliches Milieu, er ist Teil davon. Er erkennt (an), dass der Schaden, den er der Natur zufügt, im Gegenzug ihm selbst schadet.

Diese Sorge um die Umwelt wird von wissenschaftlichen Erkenntnissen gespeist (etwa den Daten über die Wirkung von Verschmutzung auf die Gesundheit oder die Klimaerwärmung). Doch in den ökologischen Sensibilitäten bildet sich auch ein Hang zur Sakralisierung der Natur ab: Das Individuum identifiziert sich umso lieber mit ihr, als es ja den Kern seines Wesens als außer-sozial ansieht und es im Spektakel der Natur Halt für sein Begehren nach Freiheit und Unendlichkeit findet. Und je mehr die Vorstellungen hinsichtlich eines ästhetischen Genusses der Natur auf eine Verherrlichung des Individuums hinauslaufen, desto mehr schließt der Begriff des natürlichen jenen des sozialen Milieus aus. Dabei sind es, wie wir gesehen haben, die anderen, das Sozialleben, das natürliche Milieu des Menschen.

Wir werden also zu einer Sozialökologie kommen müssen – dies ist die zweite zu überschreitende Schwelle, um in eine post-prometheische Ära einzutreten. Wir werden anerkennen müssen, dass die sozialen und kulturellen Konfigurationen, deren Teil wir sind, unser Biotop bilden, unser Lebensmilieu. Wir werden lernen müssen, sie als Ökosysteme zu denken – mehr oder weniger reich, mehr oder weniger vulnerabel, und gebildet aus Netzen interagierender Elemente; als Ökosysteme, deren Komplexität unsere Aufmerksamkeit und unsere ganze Anstrengung fordert, so extrem fragil auch ihr Gleichgewicht ist, so gefährdet sie sind, in Katastrophen zu kippen, in Teufelskreise oder in fatale Kettenreaktionen zu geraten. Statt uns das Individuum als von Natur aus mit seinem je eigenen Wesen ausgestattet vorzustellen, werden wir dazu kommen, uns die schiere Existenz des Menschen als nicht trennbar von dem Netzwerk zu denken, in dem er selbst ein Faden ist und das auch aus den Fäden der anderen besteht und aus Dingen (materiellen wie immateriellen), die in ihrer Gesamtheit als Netzwerk sein Lebensmilieu bilden.

Verglichen mit den Ökosystemen der Tierwelt weisen die menschlichen aber in ihrer Beschaffenheit einige Besonderheiten auf.

Erstens sind (wie im 6. Kapitel beschrieben) menschliche Ökosysteme zugleich Natur und Kultur. So wie von den Zwängen der Biologie und der natürlichen Umwelt sind sie gleichermaßen von sich selbst erzeugenden kulturellen Systemen bestimmt, der Interaktion und der Mediation. Die menschlichen »Ökosysteme« weisen darin also die nämliche Mischung von Beliebigkeit, Willkür und Notwendigkeit auf wie alle anderen Schöpfungen der Biologie auch.

Zweitens erfordert die soziale Existenz der Menschen ihre Teilhabe an mehreren Kreisen, an mehreren kleinen Biotopen: Familie, Freunde, Beruf, Urlaub und so weiter. Auch wenn diese Kreise mehr oder weniger eng miteinander verbunden sind, so bleiben sie dennoch voneinander unterscheidbar.

Drittens gibt es zwar eine funktionale Komplementarität in den Beziehungen zwischen den diversen Kreisen – etwa zwischen Vertrieb, Verwaltung und Produktion in einem Unternehmen, zwischen Beamten und Angestellten im privaten Sektor, zwischen Unternehmern und Arbeitern, Eltern und Kindern oder Lehrern und Schülern. Diese deckt sich aber nicht notwendigerweise mit einer existenziellen Komplementarität. Verhaltensweisen und Beziehungsmuster, die in *einem* Kreis funktionieren, können sogar unvereinbar mit solchen sein, die in einem *anderen* Kreis geboten sind.

Viertens sind diese Kreise ihrerseits eingebunden in weitaus größere Netze, von denen sie abhängen – dem Nationalstaat etwa oder gar der globalisierten Wirtschaft.

Sobald man sich auf eine solche Art der Beschreibung einlässt, kann Kultur nicht mehr als »Seelenergänzung« (nach Henri Bergson) verstanden werden und erst recht nicht als identitäres Kapital einer sozialen Klasse, eines Volks oder einer Minderheit. Die Kultur antwortet, wie schon beschrieben, auf einen weit fundamentaleren Aspekt der *Conditio humana*: Sie bannt die Leere, die jedes Bewusstsein seiner Selbst in sich trägt, um dafür zu sorgen, dass da *etwas* ist und nicht vielmehr *nichts*. Sie unterstützt die Existenz der Einzelnen, indem sie ihnen ermöglicht, an einer gemeinsamen Welt teilzuhaben, indem sie »Möglichkeiten des Zusammenseins« bereitstellt, also materielle oder immaterielle Dinge, Zentren des Interesses und Aktivitäten, die eine Verbindung zwischen dem Selbst und den anderen schaffen. In einem Ökosystem leben verschiedene Arten voneinander (eine sehr elementare Form dessen ist etwa, wenn eine Ameisenart einen Pilz kultiviert, der seinerseits dann die Ameisenlarven beherbergt). Der Mensch nun belebt seine Kultur und seine Gesellschaft, welche ihrerseits ihn leben lässt – materiell natürlich, aber auch psychisch. So betrachtet sind die handelbaren Güter Teil der Kultur und spielen darin eine unverzichtbare Rolle. Je enger aber ihr Überfluss (in Verbindung mit der Allgegenwart von Werbung) sie mit dem Gemeinschaftsleben verzahnt, desto mehr ersparen sie dem Konsumenten die mindeste Reflexion über den Platz der Leere in seinem Leben, über die beste Weise, ihr abzuhelfen oder – warum nicht? – sie zu seinem Vorteil zu nutzen. Die spontane Gier des Menschen und sein Geschmack für die gut sichtbaren Güter, die Leichtigkeit, mit der er in eine Sucht verfällt und ein »immer mehr«, bringen ihn allzu leicht dazu, sein eigenes Mehrsein mit Geld und Konsum und den Fortschritt der Gesellschaft mit Wirtschaftswachstum zu identifizieren. In einer demokratischen Gesellschaft, wie immer wieder geschrieben wird, respektiert der Staat die Wahlfreiheit der Bürger und schreibt ihnen also auch keine Definition dessen vor, was ein »gutes Leben« sei. Es wäre ehrlich anzuerkennen, dass er das auch nicht tun muss, denn die Wirtschaft übernimmt das an seiner Stelle. In dem Maße, in dem er seinen Bürgern die Freiheit lässt, zu leben, wie sie es wollen, darf der demokratische Staat auch nicht ausschließlich den ökonomischen Wohlstand fördern. Er hat ebenso zur Aufrechterhaltung und Entwicklung des Soziallebens und der nicht handelbaren Güter beizutragen, damit die Bürger tatsächlich in den Genuss dieser Freiheit kommen können. Wenn es an Verbindung zu den anderen mangelt, wenn es an Verwurzelung in einer gemeinsamen Welt mangelt, dann wird Freiheit inhaltsleer: Das entsozialisierte Individuum verkümmert. Freiheit ist nur eine formelle Garantie, wenn sie nicht an eine tatsächliche Teilhabe an Gütern angebunden ist, die in einer Gesellschaft zirkulieren – an Gütern, die wohl eine handelbare Dimension haben, aber nicht darauf reduzierbar sind (das Kino etwa, der Sport, die Musik, die Zutaten eines Gerichts und so weiter), weil sie nämlich auch aus der Sphäre der Gabe und der Transmission entstehen und so Teil der kollektiven Güter sind, die es überhaupt nur gibt, weil man sie in Gesellschaft genießt.

Wenn die Existenz des Selbst und das Leben in Gesellschaft die zwei Teile ein und desselben Primärgutes sind, dann folgt aus der Erkenntnis, dass Politik nicht nur mit individuellen Rechten und mit Wirtschaft zu tun hat, sondern auch mit diesem Primärgut, keinesfalls dass sich der Staat ins Privatleben einmischt oder Formen der Gleichschaltung oder der Unterwerfung entwickelt. Die Eigenheit totalitärer Regime besteht in der Verwechslung von Staat und Gesellschaft, in der Unterwerfung Letzterer unter die Kontrolle des Ersteren, und in Folge besteht sie darin, das soziale Leben zu ersticken, seine Spontaneität, seine Freiheit und seine Diversität – was sich dann auch auf die Wirtschaft ausschlägt. Anzuerkennen, dass das Sozialleben einen Zweck an sich darstellt, stürzt dergleichen Bezugslogik um: Der Staat ist nicht die Gesellschaft. Er hat ihr im Gegenteil zu dienen. Und unsere Eigenschaft als Staatsbürger ist auch nur *eine* Form unserer Teilhabe an der Gesellschaft. Ohnehin partizipieren wir immer nur an manchen Teilen des Gewebes, das den Stoff der Gesellschaft bildet. In der Vorstellung, die wir uns von ihr machen, bildet sie ein Ganzes, aber in unserer gelebten Erfahrung sind wir umhüllt von diesem sozialen Gefüge, das sowohl in der Zeit als auch im Raum weit über uns hinausgeht.

Wie wird sich das neue soziale Denken entwickeln, das heute im Entstehen begriffen ist? Ein erster Schritt wird darin bestehen, den Kreis der Faktoren zu erweitern, die zur Berechnung von Wohlstand und Reichtum herangezogen werden. In Hinsicht auf die physische Umwelt ist dieser Prozess bereits in Gang gesetzt; die Einführung neuer Indikatoren entspricht den Verantwortlichkeiten, die Staat wie Unternehmen immer weniger ignorieren können. Auch in Hinsicht auf die soziale Umwelt wird es dazu kommen, aber zweifellos nicht, bevor die Schäden so beunruhigend sind, dass sie die Regierungen zwingen, in den Kategorien einer Sozialökologie zu denken.

Was den meisten spontan einfällt, wenn jemand das Wort »Reichtum« ausspricht, sind sichtbare Güter; gehaltvolle Güter, wie zum Beispiel ein Koffer voll Gold, entsprechen einem infantilen Begehren weitaus besser als relationale Güter. Zudem kann man sie zählen, was bei qualitativen Gütern nicht möglich ist und noch weniger bei »Glück«. In einer Umfrage unter Europäern über die Wahrnehmung ihrer Lebensqualität hat sich gezeigt, dass diese weitgehend die ökonomische Situation ihrer jeweiligen Staaten spiegelt. Einige Länder jedoch, wie Irland oder Spanien, weisen ein Niveau an Zufriedenheit auf, das das Niveau ihrer Wirtschaft klar übersteigt, während es sich etwa in Frankreich genau andersherum verhält. Forscher wie Dominique Méda, Patrick Viveret, Jaques Généreux und andere (wie ganz aktuell

J. K. Galbraith) haben den Aussagenwert des Bruttoinlandsprodukts als Maßstab für Reichtum infrage gestellt und sich für eine weitere Bandbreite der Güter stark gemacht, die zu seiner Berechnung herangezogen werden – also um kollektive, kulturelle und relationale Güter. Doch auch wenn man zugesteht, dass man sich eines Tages auf die Aufnahme solcher Indikatoren einigen wird: Bevor deren Evaluation in Zahlen beschreibbar ist, werden wir notwendigerweise eine Phase durchlaufen, in der jene Aspekte, die dem sozialen Leben entsprechen, mit Wörtern und mit Sätzen beschrieben werden.

Angesichts der aktuellen Legitimitätskriterien des öffentlichen Diskurses sind die Wörter aber im Nachteil gegenüber den Zahlen. Nicht nur sind Zahlen tatsächlich griffiger (können sie doch rigoros mit anderen Zahlen verglichen werden) – sie erscheinen auch überzeugender, weil objektiver. Beim Vergleich zweier Faktoren, von denen einer in Zahlen ausdrückbar ist, der andere in Worten (die Zahl der Schüler in einer Klasse, zum Beispiel, und die Art der Beziehung, die ein Lehrer mit dieser pflegt), wird die quantitative Aussage zunächst immer als stichhaltiger und überzeugender gelten als die qualitative – besonders wenn ein gewisses Verständnis von Seriosität und männlicher Komplizenschaft hinzukommt. Dabei geht es in Situationen professioneller oder öffentlicher Kommunikation und in den politischen Debatten weniger darum, Wahrheiten auszusprechen, als recht zu haben: zu sagen, was als stichhaltig empfunden wird, und dabei den Eindruck zu erwecken, man sorge sich nur darum, Wahres zu sagen. Dergleichen resultiert unvermeidlich darin, dass in Zahlen ausgedrückte Realitäten reeller erscheinen als jene, die durch Worte beschrieben werden. In solcher Art Kontext hängt also die Vorstellung, die man sich von der Realität macht, weniger von der Realität selbst ab als von der Autorität, mit welcher die Sprache versehen ist, die man zur Beschreibung dieser Realität nutzt. Ebenso hängt sie von der Situation ab, in der man von ihr spricht. Die Tatsache, dass im Rahmen öffentlicher Kommunikation (im Besonderen auf dem Feld der Politik) eine zahlenbasierte Argumentation im Vorteil ist, hindert aber Personen, die sich ihrer bedienen nicht daran, im privaten Rahmen der informellen Kommunikation anzuerkennen, dass so manche nur in Worten formulierbare Tatsachen in Wirklichkeit wesentlich sind. Die Evaluation dessen, was wichtig ist, unterscheidet sich also je nach Ebene des Diskurses – öffentlich oder privat, offiziell oder informell. Um zu einer umfassenderen Auffassung der Realität zu gelangen, ist es also nötig, dass das privat Gesagte eine hinreichende Legitimität erhält, damit es öffentlich sagbar und als relevant rezipierbar wird.

Um einen solchen Paradigmenwechsel zu erreichen, bedarf es zweierlei: zunächst einer kritischen Anzahl an Personen, die, oft ohne es zu wissen, in informellen Situationen dieselben Einschätzungen teilen. Je klarer diesen Personen wird, dass sie nicht allein sind, desto mehr werden sie darauf dringen, dass das, was sie bislang nur privat geäußert hatten, auch eine öffentliche Anerkennung verdient. Dergestalt wird sich dieser Diskurs auch durchsetzen. Daraufhin bedarf es aber der Wiederbelebung eines privaten Diskurses, der notwendigerweise in Hinsicht auf den autorisierten Diskurs minoritär erscheint und daher (zum Beispiel wissenschaftlich) legitimiert werden muss, um ihm Durchschlagskraft zu verleihen. Die Synergie zwischen diesen beiden Phänomenen wird deren Kräfteverhältnis verändern. Es wird möglich werden, Richtungsentscheidungen auf Basis eines eben erst entstehenden Diskurses zu rechtfertigen. Was gestern noch irrational, also unmöglich, weil nicht stichhaltig erschien, wird heute schon stichhaltig und rational und realistisch sein.

Der Fortschritt der Gesellschaft – wenn er denn möglich ist – hängt, so wie ich ihn beschrieben habe, nicht an einem großartigen Ziel, wie dem »Umsturz des Kapitalismus« oder dessen radikaler Umgestaltung, sondern an einer langsamen Modifizierung der Gemeinplätze (der von allen geteilten Vorstellungen also), was das Wesen des Menschen und der Gesellschaft betrifft. Diese Veränderung wird, wenn sie denn stattfindet, die Macht des herrschenden Diskurses erschüttern und eine andere Form des Denkens und Handelns legitimieren.

Bibliografie

Werke von François Flahault

L'Extrême Existence, Paris 1972.

La Parole intermédiaire, mit Vorwort von Roland Barthes, Paris 1978.

Jeu de Babel. Où le lecteur trouvera matière à inventer des fictions par milliers, Paris 1984.

La Scène de ménage, Paris 1987.

Face à face, histoires de visages, Paris 1989.

La Méchanceté, Paris 1998.

»Une manière d'être à plusieurs«, in: Gérald Cahen, *La Conversation*, Paris 1999.

La Pensée des contes, Paris 2001.

»Sysiphe professeur«, in: François Flahault (Hg.), *L'idéal éducatif*, Communications, Bd. 72, Paris 2002.

Le Sentiment d'exister. Ce soi qui ne va pas de soi, Paris 2002.

»Théorie de la culture et catégories esthétiques«, in: Yolaine Escande, Jean-Marie Schaeffer (Hg.), *L'Esthétique: Europe, Chine et ailleurs*, Paris 2003.

»Entre émancipation et destruction. Les fondements de l'idéal prométhéen«, in: *Communications*, Bd. 79, 2005.

Eine Auswahl anderer Quellen

Friedrich Bastiat, *Die Trugschlüsse der Schutzzöllner gegenüber der gesunden Handels-Politik*, Berlin 1847.

Michel Bastit, *Naissance de la loi moderne. La pensée de la loi de saint Thomas à Suarez*, Paris 1990.

Jean-François Courtine, »L'Héritage scolastique dans la problématique théologico-politique de l'âge classique«, in: Henry Méchoulan, *L'État baroque*, 1610–1652, Paris 1985.

Louis Dumont, *Homo aequalis. Genèse et épano. Regards sur la pensée politique de la France du premier XVIIe siècle uissement de l'idéologie économique*, Paris 1977.
Norbert Elias, *Die Gesellschaft der Individuen*, Frankfurt/M. 1991.
Amos Funkenstein, *Théologie et imagination scientifique du Moyen Âge au XVIIe siècle*, Paris 1995.
Marcel Gauchet, *Die Erklärung der Menschenrechte. Die Debatte um die bürgerlichen Freiheiten 1789*, Reinbek 1995.
Albert O. Hirschman, *Leidenschaften und Interessen. Politische Begründungen des Kapitalismus vor seinem Sieg.* Frankfurt/M. 1980.
Georges de Lagarde, *La naissance de l'esprit laïque au déclin du Moyen Âge*, Louvain, Bd. 1–5, Paris 1956–1963.
Karl Marx, »11. These über Feuerbach«, in: Karl Marx und Friedrich Engels, *Werke*, Berlin [1845] 1978, S. VI.
Marcel Mauss, *Die Gabe, Die Form und Funktion des Austauschs in archaischen Gesellschaften*, Berlin 2019.
George Holland Sabine, *A History of Political Theory*, London 1951.
Quentin Skinner, The *Foundations of Modern Political Thought*, Bd. 1 und 2, Cambridge 1978.
Wiktor Stoczkowski, *Anthropologie naïve, anthropologie savante. De l'origine de l'homme, de l'imagination et des idées reçues*, Paris 1994.
Ernst Troeltsch, *Die Bedeutung des Protestantismus für die Entstehung der modernen Welt*, Berlin, Boston 1928, {doi.org/10.1515/9783486758276}, letzer Zugriff 08.12.23.
Walter Ullmann, *The Individual and Society in the Middle Ages*, Baltimore, 1966.
Michel Villey, *Seize essais de philosophie du droit*, Paris 1969;
Michel Villey, *Critique de la pensée juridique moderne*, Paris 1976.

Einige Referenzen in Bezug auf neuere Erkenntnisse, die die gängigen Vorstellungen in Frage stellen

Michel Aglietta, André Orléan, *La Monnaie entre violence et confiance*, Paris 2002.

Marc Augé, *Der Geist des Heidentums.* München 1995.
Luc Boltanski, Ève Chiapello, *Der neue Geist des Kapitalismus.* Konstanz 2003.
Alain Caillé, *Anthropologie der Gabe*, Frankfurt/M. 2008.
António R. Damásio, *Ich fühle, also bin ich. Die Entschlüsselung des Bewusstseins*, München 2000.
Pierre Demeulenaere, *Homo oeconomicus. Enquête sur la constitution d'un paradigme*, Paris 1996.
Frans de Waal, *Wilde Diplomaten. Versöhnung und Entspannungspolitik bei Affen und Menschen*, München 1991.
Jared M. Diamond, *Der dritte Schimpanse. Evolution und Zukunft des Menschen*, Frankfurt/M. 1994.
François Flahault, *Face à face. Histoires de visages*, Paris 1989.
François Flahault, *Le Sentiment d'exister. Ce soi qui ne va pas de soi*, Paris 2002.
Bernard Guerrin, *La Théorie économique néoclassique*, Paris 1999.
Maurice Godelier, *Das Rätsel der Gabe*, München 1999.
Richard Leakey, Roger Lewin, *Der Ursprung des Menschen. Auf der Suche nach den Spuren des Humanen*, Frankfurt/M. 1993.
Dominique Lestel, *Les Origines animales de la culture*, Paris 2001.
Marcel Mauss, *Die Gabe. Die Form und Funktion des Austauschs in archaischen Gesellschaften*, Frankfurt/M. 1968.
Heinz Rudolph Schaffer, *Studies in Mother-Infant Interaction*, London, New York, San Francisco 1977.
John Searle, *Die Konstruktion der gesellschaftlichen Wirklichkeit. Zur Ontologie sozialer Tatsachen*, Reinbek 1997.
Amartya Sen, *Ökonomie für den Menschen. Wege zu Gerechtigkeit und Solidarität in der Marktwirtschaft*, München 2020.
Amartya Sen, »Rational Behaviour«, in: *The New Palgrave. A Dictionary of Economics*, Bd. 4, London, New York 1998.
Daniel Stern, *Mutter und Kind – Die erste Beziehung*, Stuttgart 2000.

Erste Auflage Berlin 2024

Großbeerenstraße 57A | 10965 Berlin
info@matthes-seitz-berlin.de

Layout und Satz: psb, Berlin
Druck und Bindung: Art-Druk, Szczecin
Umschlaggestaltung nach einer Idee von Pierre Faucheux
ISBN 978-3-7518-3001-0
www.matthes-seitz-berlin.de